いじめから子どもを守る学校づくり

いますぐできる教師の具体策

高橋知己・小沼豊 著

図書文化

はじめに

　学校現場において，「いじめ」はとても重要な課題である。いじめは，ときに子どもの生活に深刻な影響を及ぼすからである。子どもにとって安全・安心の場であるはずの学校で，いじめという心身の危機に子どもが直面することはあってはならない。学校や教員は，予防から事後対応まで適切な対応をしていくことが求められている。子ども同士のコミュニケーションの取り方やその背後にある文脈を理解していくことが大切になる。

　子どもを取り巻く環境は，社会情勢とともに変化してきている。例えば，ケイタイ電話の普及によって，子どもたちは連絡を取りたいときに，取りたい相手に，直接コンタクトができるようになった。その代償として，学校という公的な空間とプライベートの私的な空間との境界は薄れ，子どもの心に逃げ場がなくなってきた。

　やがてスマートフォン（スマホ）がケイタイ電話に取って代わると，LINEやTwitterといったSNS（Social Networking Service）によって，公的な空間（学校）と私的な空間との境界はますます曖昧になっていく。公的な空間（学校）で，「いじめ」や「いじり」などを受け心理的に耐え難い苦痛を感じて学校から避難しようとしても，SNSはその苦痛から逃れることを許さない。ネットを通して私的な空間に侵入してくる。いわゆる「ネットいじめ」の出現である。いじめられている子どもは，学校を休んでも真に心が休まることなく，新たな空間とも言えるネットの世界でかかわりをもつことを強要される。スマホを捨てることや離れることで，こうしたネットの世界から自ら離脱することもできようが，周りの目や自尊感情から，なかなかそれを選択できないというのも事実であろう。

　いじめやいじりなど心理的に耐えがたい苦痛から，自身の心を少しで

も守ろうと「不登校」になる場合も多い。教員は不登校という現象に対して，より丁寧なアセスメントが求められている。例えば，「いじめ防止対策推進法」では「不登校重大事態」として明記されている。教員はいじめ（ネットいじめを含む）と不登校との関連性をアセスメントし，子どもの心に寄り添っていかなければならない。すなわち，どのようなことが原因で公的な空間からの避難（不登校）をしているのか，子ども一人一人の状況を丁寧に的確にとらえることが教員には求められている。子どもが自殺した後に，「（思い返してみると）そう言えば……」という後悔をしても遅いのである。

　子どもの自殺といじめとの因果関係が疑われる場合，いじめ調査委員会が組織されて，報告書が作成される。そこでは，自殺にいたるまでのいじめの様態や教員の対応などが書かれている。こうした報告書は，いじめの原因の解明と再発防止の観点から重要なものと言える。しかしながら，こうした報告書が次のいじめの防止・解決に生かされていると言えるのであろうか。膨大な時間をかけて作成された報告書は，いじめを防止・解決していくための有効な手立てが示されている。いじめの課題と向き合っていく中で報告書を含めて検討していくことが大切であると考える。

　本書では，いじめの課題に対して，学校ができる有効な手立てを示していく。

　前半の第Ⅰ部では，理論編として「いじめに対する認識」を取り上げる。

　まず第1章では，国の「いじめの定義の変容過程」と「都道府県教育委員会等への通知・通達」をとらえ，行政機関のいじめに対する考え方を整理していく。

　第2章では，「いじめ防止対策推進法」の「重大事態」（第28条）に焦点を当て，手続きの流れを押さえる。学校が実際に「重大事態」と考えられる事態に直面した際，適切に対処できるようにしておくことは，危

機管理という側面からも必要だと考えるからである。

第3章では、過去の「いじめ調査報告書」からいじめの解決の手立てを探っていく。いじめ自殺があると、いじめ調査委員会が組織され報告書が作成される。報告書を丁寧にとらえることからいじめの課題と向き合い、学校現場におけるいじめの未然防止のための手立てにつなげる。

そして後半の第Ⅱ部では、実践編として「いじめへの対応」について述べていく。

第4章では、著者らが行った大学生への調査をもとに、学生が実際に見たり体験したりしたいじめの実態を報告し、そのメカニズムを分析する。

第5章では、前章の分析をもとに、いじめの早期発見がなぜこれほどむずかしいのか、子どもたちの側面、学校や教師の側面、その他の側面から、課題を明らかにする。

第6章では、いじめの早期発見を阻む課題に対して、いますぐできる三つの具体策を提案する。効果的なアンケートの方法など、いじめの未然防止にかかわる学校現場での手立てについて具体的に示していくことにする。

最後に、第7章では、2000年ごろから多く見られるようになった「ネットいじめ」の理解と対応について述べる。ネットいじめは新しい様態ではあるが、そのメカニズムにはこれまでのいじめとの共通点がある。ただし、SNSなどによって、子どものいじめは、教員の目には見えにくくなっている。今日の子どもの人間関係が、明日にはガラリと変わっていることもある。いじめをいかにしてとらえ、対処していくか、そのための具体策をもつことがカギになる。

いじめという大きな課題に、いま真っ正面から問いかけていきたい。子どもの取り巻く環境の変化が著しい中、子どもの置かれている世界に、いかにして近づけていけるかがカギになる。これまでの痛ましいいじめ自殺からわれわれは何を感じ取り、今後に生かしていけばいいのか。い

じめに対する初めての法律である「いじめ防止対策推進法」が整備され
たが，この法律を機能させていくためには，学校や教員の一人一人が高
い意識をもって，対応していくことが必須になろう。教員の意識に応え
られるように，法律によって整備してくれている。まさに，日々の教育
活動と両輪になり得るものと言える。学校が体系的に組織的なマインド
をもって，いじめ対応に当たることができるかどうかの機会（チャン
ス）であり，この機会を逃してはならない，そうでないと，ただあるだ
けの飾りに成り下がってしまう。痛ましい，救うことのできなかったい
じめのうえに，成り立っているということを忘れてはならない。学校が
子どもにとって安全・安心の場になるように機能していくことが求めら
れている。

　本書がいじめの課題に対する手立てとなり，一人でも多くの子どもが
健康で自身の能力を発揮できるようになることを切に願って止まない。

平成30（2018）年　6月

東京純心大学専任講師
千葉県スクールカウンセラー

小沼　豊

目次

いじめから子どもを守る学校づくり
いますぐできる教師の具体策

はじめに ………………………………………………………………………… 3

第1部 いじめに対する認識―理論編

第1章 いじめの課題に対するとらえ方の変容を知る ……………… 12

1．国によるいじめの定義の変容過程 ……………………………………… 14

2．いじめの定義の始まり（1986） ………………………………………… 14

3．いじめられた子どもの立場に立脚（1994） …………………………… 17

4．いじめはだれにでも起こりうる課題という視点（2006） …………… 22

5．子どもの安心・安全を守るという視点から（2013） ………………… 25

6．いじめの定義は子どもの様相をとらえる必要不可欠なコンパス ……… 31

　　コラム1 学校組織が高信頼性組織になるためには ………………… 36

第2章 いじめ防止対策推進法における組織的な対応 および重大事態の理解 ……………………………… 40

1．組織的な対応（第22条） ………………………………………………… 41

2．重大事態（第28条） ……………………………………………………… 43

3．リスクマネジメントとクライシスマネジメントの視点 ……………… 46

第3章 いじめの報告書に学ぶ ……………………………………… 56

1．共通の視点──調査報告書（検証報告書を含む）の構成 ……………… 57

2．湯河原報告書の特徴──ケースから学ぶ再発防止の観点① ………… 60

3．名古屋報告書の特徴──ケースから学ぶ再発防止の観点② ………… 63

4．矢巾報告書の特徴──ケースから学ぶ再発防止の観点③ ………… 67

5．まとめ …………………………………………………………………… 72

　コラム2　いじめの波 ………………………………………………… 73

第II部　いじめへの対応─実践編

第4章 いじめの実態 ……………………………………………… 76

1．調査から浮かび上がったいじめの実態 ………………………………… 77

　コラム3　関係性攻撃によるいじめ ………………………………… 86

2．学校の対応の効果 ……………………………………………………… 88

3．いじめの実態分析を通して ……………………………………………… 90

　コラム4　社会関係資本（Social-Capital）のもつ力 ……………… 93

第5章 いじめの早期発見 ………………………………………… 96

1．いじめの早期発見の困難さに関する調査 …………………………… 97

2．いじめを発見しにくい理由（1）──子どもの要因 ………………… 98

> コラム5 早期発見のために ……………………………………… 104

3. いじめを発見しにくい理由（2）——学校・教師の要因 ……… 105

4. いじめを発見しにくい理由（3）——それ以外の要因 ………… 107

> コラム6 養護教諭はいじめ対応のキーマン ………………………… 111

第6章　いじめ防止のための三つの提案 …………………… 112

1. いじめの避難訓練の実施 …………………………………… 112

2. アンケートの工夫 …………………………………………… 115

3. 死角をつぶす トイレの共有化 …………………………… 119

第7章　ネットいじめと子どもの人間関係 ………………… 122

1. ネットいじめとは ……………………………………………… 123

2. インターネットなどにおける疑似世界（仮想的空間）の中のいじめ … 125

3. ネットいじめの早期発見と予防 …………………………… 130

おわりに ………………………………………………………………… 134

参考・引用文献一覧 …………………………………………………… 137

第 Ⅰ 部

いじめに対する認識
──理論編

第1章

いじめの課題に対するとらえ方の変容を知る

　いじめとは何か。人によっていじめのとらえ方が違っていては，議論はかみあわない。また，実際に私たちがいじめの予防や対応に取り組むうえで，一番むずかしいのも，いじめとは何かについての共通理解を形成するところにある。

　そこで第1章では，まず公的な定義からいじめを考えることにしたい。

　国によるいじめの定義は，文部科学省が毎年実施している「児童生徒の問題行動等生徒指導上の諸問題に関する調査」の中に記されている。これまでに文部科学省（2013）は，①1986年，②1994年，③2006年，④2013年と，4回にわたり定義を変容させている（**表1-1**）。

　このように，いじめの定義は，それまでの枠組み（定義）ではとらえきれない事案が生じるたびに，実態に合致するように変更されてきたが，その過程では，いじめによって子どもが命を絶ってしまったという悲しい事案が少なくない。

　著者らの最大の願いは，いじめによって傷つき，命を落とす子どもが一人もいなくなるようにすることである。いじめの定義を広げることにはさまざまな批判もあるが，定義を変更したからといっていじめの課題が解決されるわけではなく，また，教師としてやるべきことが変わるわけでもなく，子どもたちが成長の過程で直面する課題に対して，学校現場の丁寧で大胆な対応が要求されることは，なんら変わりない。

　いじめか，いじめでないか，ただ線を引いてラベリングすることが定義の目的ではない。学校全体が同じ方向を向き，子どもたちの安全と安

第Ⅰ部 いじめに対する認識－理論編

表1-1　1986〜2013年までのいじめ定義の変更過程

時期	定義	背景
1986（昭和61）〜1993（平成5）年	「いじめ」とは、「①自分より弱い者に対して一方的に、②身体的・心理的な攻撃を継続的に加え、③相手が深刻な苦痛を感じているものであって、学校としてその事実（関係児童生徒、いじめの内容等）を確認しているもの。なお、起こった場所は学校の内外を問わないもの」とする。	1986年　東京都中野区立中野富士見中学校2年生（男子）いじめ自殺事件（葬式ごっこ事件）。身体的な暴力のほかに担任教師も参加し「葬式ごっこ」が行われ、「このままじゃ『生きジゴク』になっちゃうよ」という遺書を残し自殺した。 「児童生徒の問題行動等生徒指導上の諸問題に関する調査」において、「暴力行為」とは別に「いじめ」のカテゴリーを設けて調査を始めた。
1994（平成6）〜2005（平成17）年	「いじめ」とは、「①自分より弱い者に対して一方的に、②身体的・心理的な攻撃を継続的に加え、③相手が深刻な苦痛を感じているもの。なお、起こった場所は学校の内外を問わない」とする。 なお、個々の行為がいじめに当たるか否かの判断を表面的・形式的に行うことなく、いじめられた児童生徒の立場に立って行うこと。 **変更点** 「学校としてその事実（関係児童生徒、いじめの内容等）を確認しているもの」が削除された。「いじめに当たるか否かの判断を表面的・形式的に行うことなく、いじめられた児童生徒の立場に立って行うこと」が加筆された。	1994年　愛知県西尾市立東部中学校2年生いじめ自殺事件（大河内清輝君事件）。自宅裏の木で首を吊って死んでいるのを母親に発見される。葬儀後、自室の机から「いじめられてお金をとられた」という内容の遺書が見つかる。主犯格（4人）からいじめを受け、遺書の最後には母親宛に「借用書（平成6年8月　114万200円　働いて必ず返します）」も残されていた。学校（教師）の「いじめ」に対する考え方・指導のあり方が問われた。
2006（平成18）〜2012（平成24）年	「いじめ」とは、「当該児童生徒が、一定の人間関係のある者から、心理的、物理的な攻撃を受けたことにより、精神的な苦痛を感じているもの」とする。なお、起こった場所は学校の内外を問わない。 本調査において、個々の行為がいじめに当たるか否かの判断を表面的・形式的に行うことなく、いじめられた児童生徒の立場に立って行うものとする。 **変更点** 「一方的に」「継続的に」「深刻な」といった文言が削除された。「いじめられた児童生徒の立場に立って」「一定の人間関係のある者」「攻撃」等についての注釈が明記された。	2005年　北海道滝川市立江部乙小学校6年生（女児）いじめ自殺事件。 2006年　福岡県筑前町立三輪中学校2年生（男子）いじめ自殺事件。いじめのきっかけが担任教師による生徒達に対する不適切な言動であった。 2010年　群馬県桐生市立新里東小学校6年生（女児）いじめ自殺事件。学級崩壊で給食を一人で食べている姿などがあったにも関わらず指導が的確になされなかった。
2013（平成25）年〜	「いじめ」とは、「児童生徒に対して、当該児童生徒が在籍する学校に在籍している等当該児童生徒と一定の人的関係のある他の児童生徒が行う心理的又は物理的な影響を与える行為（インターネットを通じて行われるものも含む）であって、当該行為の対象となった児童生徒が心身の苦痛を感じているもの。」とする。なお、起こった場所は学校の内外を問わない。 **変更点** いじめ防止対策推進法の施行に伴い、2013年度から現定義に変更された。「インターネット」というツールによるいじめが認識されている。	2011年　滋賀県大津市立皇子山中学校2年生いじめ自殺事件。クラス担当の担任は、自殺した生徒より相談や暴力行為の報告を受けていたが、適切な対応をとらなかった。また、事件前後の学校と教育委員会の隠蔽体質が発覚し「いじめ防止対策推進法」の成立に繋がった。 2012年　東京都品川区立伊藤学園中学1年生いじめ自殺事件。アンケートの内容を適切に処理せず、いじめを見逃すことになった。

第1章　いじめの課題に対するとらえ方の変容を知る

13

心を守るために何をすべきかを考えていくことが求められている。その出発点と視点を共有するためのツールが定義である。まずは，すべての人に定義を知るところから始めてほしい。

$\begin{bmatrix} 1 \end{bmatrix}$ 国によるいじめの定義の変容過程

　国によるいじめの定義は，1986年の実態把握調査の際に始まり，これまで1994年と2006年に変更がなされ，滋賀県大津市中学２年生のいじめ自殺（2011）を契機に，2013年に成立した「いじめ防止対策推進法」で現在の定義がなされた。

　いじめ防止対策推進法に定められた最新のいじめの定義は，「当該児童生徒が在籍する学校に在籍している等当該児童生徒と一定の人的関係のある他の児童生徒が行う心理的又は物理的な影響を与える行為（インターネットを通じて行われるものも含む）であって，当該行為の対象となった児童生徒が心身の苦痛を感じているもの」である。

$\begin{bmatrix} 2 \end{bmatrix}$ いじめの定義の始まり（1986）

　1985年，文部省（当時）は，「児童生徒の問題行動等生徒指導上の諸問題に関する調査」において，「暴力行為」とは別に「いじめ」のカテゴリーを設けて調査を始めた。

　1986年の調査からは，「①自分より弱い者に対して一方的に，②身体的・心理的な攻撃を継続して加え，③相手が深刻な苦痛を感じているものであって，学校としてその事実（関係児童生徒，いじめの内容等）を

確認しているもの」をいじめと定義して，実態把握を行っている。すなわち，教育問題としていじめに焦点が当たった時期と言える。

【参考】1986年頃のいじめの定義と通知・通達

【1986年度からの定義】
　「いじめ」とは「①自分より弱い者に対して一方的に，②身体的・心理的な攻撃を継続的に加え，③相手が深刻な苦痛を感じているものであって，学校としてその事実（関係児童生徒，いじめの内容等）を確認しているもの。なお，起こった場所は学校の内外を問わないもの」

【通知・通達】
- 文部省（1985）「児童生徒のいじめの問題に関する指導の充実について」（昭和60年6月29日　文初中201号）
- 文部省（1985）「いじめの問題に関する指導の徹底について」（昭和60年10月25日文初中244）
（別添2）「いじめの問題に関する指導の状況に関するチェックポイント」

教育現場への通知・通達から

　文部省は「児童生徒のいじめの問題に関する指導の充実について」（1985年）において，教育現場に「いじめの問題に関する五つの基本認識」（p16参照）を示した。これらは，いじめを網羅的・多角的な視点に立って取り組むべき課題であるというメッセージの発信であり，いじめの課題を認識した始まりであると言える。

　さらに，この文書では，五つの基本認識に基づき，「学校において緊急に取り組むべき五つのポイント」「教育委員会において緊急に取り組むべき五つのポイント」及び「家庭において配慮すべき三つのポイント」も提示されている。

　当時，当時この文書は，
「今日のいじめの問題の重大性にかんがみ，同検討会議においては，現

時点で，問題解決のために教育関係者が緊急に講ずべき措置，並びに，国民各位の理解と協力を求めたい諸点について，意見を取りまとめ，別添のとおり，緊急提言が行われたものであります（下線筆者）」
とあるとおり，緊急提言としてなされた。

また，文書の終わりは
「いじめの背景には，現代の社会が物質的な豊かさの中で，大人自身が他人を思いやる心といった心の豊かさを見失いがちな風潮や，都市化の進行による連帯感の希薄化などが介在している。したがって，大人全体が，いじめをはじめ今日の青少年の問題行動に対して，十分な認識を持つとともに，それぞれの立場における責務を自覚し，真剣に取り組むことが強く要請される（下線筆者，以下省略）」
と締めくくられていて，いじめの課題の背景には，物質的な豊かさにおいて他者を思いやる気持ちの欠如，都市化による連帯感の希薄があり，大人の責務として，こうした背景があるということを認識していじめに取り組むことが学校に要求されている。

こうした視点は今日においても通じるものであり，教育現場がいじめの課題に向き合うことになった始めと言える。

【参考】いじめの問題に関する五つの基本認識

- いじめは，児童生徒の心身に大きな影響を及ぼす深刻な問題であり，その原因も根深いものであること。
- いじめは，今日の児童生徒の心の問題が深く介在している問題であること。
- いじめは，学校における人間関係から派生し，教師の指導の在り方が深くかかわつていること。
- いじめは，家庭におけるしつけの問題が深くかかわつていること。
- いじめの解決には，緊急対策，長期的対策の両面からの対応が必要であること。

第Ⅰ部 いじめに対する認識－理論編

【参考】学校において緊急に取り組むべき五つのポイント

- 全教師がいじめの問題の重大性を認識し，実態に眼を向ける。
- 学校に児童生徒の悩みを受け入れる場を作る。
- 学校全体に正義をいきわたらせる。
- 生き生きした学級，学校作りを推進する。
- 家庭や地域との連携を強化する。

【参考】教育委員会において緊急に取り組むべき五つのポイント

- 教育相談体制を整備充実する。
- 父母の悩みに具体的にこたえうる措置を講ずる。
- 学校外における集団活動を推進する。
- 教員の研修を充実する。
- 学校を支援する体制を強化する。

【参考】家庭において配慮すべき三つのポイント

- 親は，しつけを見直し，子どもにしっかりと身につけさせる。
- 親は，子どもの日常生活に十分な目配りをする。
- 親は，子どもに対して一面的な評価に陥らず，それぞれの個性・特性を生かすよう配慮する。

3 いじめられた子どもの立場に立脚（1994）

　愛知県西尾市中学2年生のいじめによる自殺（大河内清輝くん事件，1994）が大きな社会問題となり，「いじめ対策緊急会議」が設置され，いじめの定義変更や対応についての「通知・通達」がなされた。

　この1994年のいじめの定義では，これまであった「学校としてその事実（関係児童生徒，いじめの内容等）を確認しているもの」という内容

が除外され，「いじめ」とは，「①自分より弱い者に対して一方的に，②身体的・心理的な攻撃を継続的に加え，③相手が深刻な苦痛を感じているもの。なお，起こった場所は学校の内外を問わない」とし，さらに「個々の行為がいじめに当たるか否かの判断を表面的・形式的に行うことなく，いじめられた児童生徒の立場に立って行うこと」という内容が付け加えられた。

いじめが見えにくいところで発生しており，子どもが教員や大人に訴える場合ばかりではないという実態を訴え，それに対応することが求められている。

【参考】1994年頃のいじめの定義と通知・通達

【1994年度からの定義】
「いじめ」とは「①自分より弱い者に対して一方的に，②身体的・心理的な攻撃を継続的に加え，③相手が深刻な苦痛を感じているもの。なお，起こった場所は学校の内外を問わない」とする。

なお，個々の行為がいじめに当たるか否かの判断を表面的・形式的に行うことなく，いじめられた児童生徒の立場に立って行うこと。

【通知・通達】
- 文部省（1994）「いじめの問題について当面緊急に対応すべき点について」（平成6年12月16日）文初中第371の1号
  （別添1）「『いじめ対策緊急会議』緊急アピール」（平成6年12月9日）
  （別添2）「いじめの問題への取組についてのチェックポイント」
- 文部省（1995）「いじめの問題の解決のために当面取るべき方策等について」（平成7年3月13日）文初中第313号
- 文部省（1995）「いじめの問題への取組の徹底等について」（平成7年12月15日）文初中第371号

教育現場への通知・通達から

（1）「いじめ対策緊急会議」緊急アピール

1994年12月9日，「いじめの問題について当面緊急に対応すべき点について」の別添1として，「いじめ対策緊急会議」緊急アピールが発出された。

その冒頭は次のように述べられている。

「愛知県の中学2年生が，11月27日，いじめを苦に自らの命を絶ったことは，社会に大きな衝撃と深い悲しみをもたらした。いじめ対策緊急会議は，こうしたことが二度と繰り返されてはならないという観点から，いじめの問題に関する緊急の検討を行うために開催されたものである。討議の結果，いじめの問題は学校・家庭・社会が総合的に取り組むべき問題であるとの認識の下に，当面緊急に対応すべき点として下記のとおり提言する（下線筆者，以下省略）」

すなわち，いじめを学校・家庭・社会の問題としてとらえ，先の通知（「児童生徒のいじめの問題に関する指導の充実について」）からの指導を再考し充実することを求めていると言えよう。

また別添2として，「いじめの問題への取組についてのチェックポイント」が付けられている。これは，文部省（1985）「児童生徒のいじめの問題に関する指導の充実について」の取組みをさらに充実させるための点検項目を，具体的に示したものとしている。

同緊急アピールでは，いじめに対する問題意識は次のように述べられている。

「いじめがあるのではないかとの問題意識を持って，全ての学校において，直ちに学校を挙げて総点検を行うとともに，実情を把握し，適切な対応をとること。学校・家庭・社会は，社会で許されない行為は子どもでも許されないとの強い認識に立って子どもに臨むべきであり，子ど

ももその自覚を持つこと。子どもが，必要なときにはすぐに親や教師に相談することができるよう，子どもと親や教師との信頼関係を深めることが大切であること。家庭は，いじめの問題の持つ重さと家庭における教育の重要性を再認識し，子どもの生活態度を見直してみること。学校は自らの責任を深く自覚するとともに，学校だけで解決できない場合もあるので，地域社会や関係行政機関との連携・協力を求めること。国や地方公共団体においてもいじめの問題の解決に向けての施策の充実に努めること（下線筆者，以下省略）」

　ここからは，学校でのいじめの再認識，家庭・社会でのいじめに対する教育といったことから整理でき，さきの通知の中にも指摘されていた「学校において緊急に取り組むべき五つのポイント」などについての徹底を重要視していると言える。

（2）いじめの問題の解決のために当面取るべき方策等について

　緊急アピールの翌年には，文部省（1995）から，「いじめの問題の解決のために当面取るべき方策等について」という通知が出された。ここでは，次のように記されている。

　「文部省においては，昨年12月『いじめ対策緊急会議』を開催し『緊急アピール』を出していただくとともに，その後，さらに，いじめの問題の解決のために必要な方策等について検討をいただいてきたところでありますが，このたび，同会議において，別添のとおり『いじめの問題の解決のために当面取るべき方策について』の報告がとりまとめられました。この報告においては，いじめの問題に関して，『弱い者をいじめることは人間として絶対に許されない』との強い認識に立つべきことなどの五つの基本認識に基づき，学校，教育委員会，家庭，国，社会のそれぞれにおいて取り組むべきこと等が具体的に示されております（中略）今回，このような痛ましい事件が繰り返されたことは極めて残念であり，昨年12月16日付けの初等中等教育局長通知『いじめの問題につい

20

て当面緊急に対応すべき点について（通知)』により，学校及び教育委員会によるいじめの問題に関する取組について総点検が行われたところであるが，その状況を見ると必ずしも十分ではないと思われる点も見受けられることから，関係者は，いま一度，いじめの問題に関する取組について見直してみる必要がある（下線筆者，以下省略)」

「いじめの問題への対応に当たっての基本的認識」には，次の五つが挙げられている。

1．「弱い者をいじめることは人間として絶対に許されない」との強い認識に立つこと
2．いじめられている子どもの立場に立った親身の指導を行うこと
3．いじめの問題は，教師の児童生徒観や指導の在り方が問われる問題であること
4．関係者がそれぞれの役割を果たし，一体となって真剣に取り組むことが必要であること
5．いじめは家庭教育の在り方に大きな関わりを有していること

この中の「1．『弱い者をいじめることは人間として絶対に許されない』との強い認識に立つこと」に関しては，次のように記されている。
「いじめについては，従来，一部にいじめられる側にもそれなりの理由や原因があるとの意見が見受けられることがあったが，いじめられる側の責に帰すことは断じてあってはならない」「いじめをめぐっては，いじめる者といじめられる者の他に，それを傍観したり，はやしたてたりする者が存在するが，こういった行為も同様に許されないとの認識を持たせることが大切である」
これは，いじめについて，どんな理由があろうとも，いじめをする方を許していけないということであり，生徒指導上における重要な展開と言える。そしてまた，見て見ない振りをする傍観者や，はやしたてたりおもしろがったりする観衆といった児童生徒の存在も指摘され，いじめ

を構造的にとらえている。いじめる人，いじめられる人，観衆，傍観者といった「いじめの四層構造」（森田・清永，1994）に通じるものと言える。

（3）いじめの問題への取組の徹底等について

同年，文部科学省はさらに「いじめの問題への取組の徹底等について」を出し，「いじめの問題については，『いじめ対策緊急会議』の『緊急アピール』を受け，平成6年12月16日付け文初中第371の1号をもって，また，同会議の『いじめの問題の解決のために当面取るべき方策について』の報告を受け，平成7年3月13日付け文初中第313号をもってこの問題への取組の徹底をお願いしたところです」
と説明をしている。そのうえで，
「この1年間のいじめの問題への取組状況を総点検し，取組の現状，効果等について把握するとともに，今後の更なる対策の参考とするため，『いじめの問題への取組についての総点検調査』を実施することとしました」
として，1994年12月から1995年12月の間におけるいじめの課題に対する取組状況を調査している。

そして，1995年からは，「スクールカウンセラー活用調査」が実施され，公立の小学校，中学校，高等学校へスクールカウンセラーの配置・派遣が行われた。教師が心理職などの専門スタッフと連携・分担して仕事を行おうとする，今日の「チーム学校」の議論につながる流れと言える。

4 いじめはだれにでも起こりうる課題という視点（2006）

2006年に北海道滝川市で発生した小学6年生のいじめ自殺事件では，

いじめの認定や学校の対応に関する課題が浮き彫りになった。そしてまた，同年には，福岡県筑前町で中学2年生のいじめによる自殺が生じた。つまり，2006年は立て続けに2件の自殺が発生し，いじめの課題を再考する必要性が高まった。これまでの通知・通達の中で発出してきた内容や取組みのあり方についても，見直しを迫られることになった。

　そうした中で，文部科学省はいじめの定義に関して次のような変更を行った。

　1994年からの定義にあった「①自分より弱い者に対して一方的に」という文言から，「一定の人間関係のある者から」に変更された。そして「②身体的・心理的な攻撃を継続的に加え，③相手が深刻な苦痛を感じているもの」という文言は，「心理的，物理的な攻撃を受けたことにより，精神的な苦痛を感じているもの」と変更された。

　つまり，人間関係について，弱いや強いといったものから「一定の人間関係」とし，「一方的に」「継続的」「深刻な」という文言が削除された。これは，小沼・山口（2017）が述べているように，いじめの課題が，暴力や暴言などの「直接物理的攻撃」や「直接言語的攻撃」というものから，相手を排除したり無視したりする「非直接的攻撃（関係性攻撃）」やネット・携帯電話を媒介としたものへの変化に対応したものであると言える。

　そしてまた，「いじめられた児童生徒の立場に立って」「攻撃」などについての注釈を追記している。この「いじめられた児童生徒の立場に立って」ということが強調され，いじめの把握方法が，発生件数から認知件数に変わった。

【参考】2006年頃のいじめの定義と通知・通達

【2006年度からの定義】
　「いじめ」とは，「当該児童生徒が，一定の人間関係のある者から，心理的，物理的な攻撃を受けたことにより，精神的な苦痛を感じているもの」

とする。なお，起こった場所は学校内外を問わない。

　本調査において，個々の行為が「いじめ」に当たるか否かの判断を表面的・形式的に行うことなく，いじめられた児童生徒の立場に立って行うものとする。

【発生件数から認知件数への変更】
　2006年度からの「児童生徒の問題行動等生徒指導上の諸問題に関する調査」では，「いじめの発生件数」が「いじめの認知件数」に変更された。（背景）「いじめられた児童生徒の立場に立って」という文言が強調されている。

【通知・通達】
• 文部科学省（2006）「いじめの問題への取組の徹底について（通知）」（平成18年10月19日）18文科初第711号
• 文部科学省（2006）「文部科学大臣からのお願い〜未来のある君たちへ〜」（平成18年11月17日）文部科学大臣　伊吹文明

教育現場への通知・通達から

（1）いじめの問題への取組の徹底について（通知）

　文部科学省（2006）は，「いじめの問題への取組の徹底について（通知）」という通知を出し，「1．いじめの早期発見・早期対応について」「2．いじめを許さない学校づくりについて」「3．教育委員会による支援について」という三つの観点から記している。

　加えて，別添「いじめの問題への取組についてのチェックポイント」を示し，
「いじめの問題に関する学校及び教育委員会の取組の充実のために，具体的に点検すべき項目を参考例として示したものである。各学校・教育委員会においては，このチェックポイントを参照しつつ，それぞれの実情に応じて適切な点検項目を作成して，点検・評価を行うことが望まし

第Ⅰ部　いじめに対する認識－理論編

い」

として，「1．学校」に対しては「指導体制（3項目）」「教育指導（9項目）」「早期発見・早期対応（10項目）」「家庭・地域社会との連携（4項目）」の26項目，「2．教育委員会」に対しては，「学校の取組の支援等・点検（8項目）」「教員研修（3項目）」「組織体制・教育相談（4項目）」「家庭・地域との連携（3項目）」の18項目を示した。

（2）文部科学大臣からのお願い～未来のある君たちへ～

　また，文部科学省（2006）は，「文部科学大臣からのお願い～未来のある君たちへ～」を発出している。そこでは，もし「いじめ」を受けて苦しんでいる状況があれば，それを「だれにでもいいから」「ゆうきをも」って周りにいる大人に話して欲しいということ，そして，「けっして一人ぼっちじゃない」ということを，子どもたちへのメッセージとして伝えている。

5 子どもの安心・安全を守るという視点から（2013）

　2001年に発生した大阪教育大学附属池田小学校の不審者侵入事件は，子どもの安全・安心を再考する契機となり，学校保健法の改正がなされた。この不審者侵入事件をはじめ，登下校中の連れ去り事件など，子どもの被害事件を背景として，新たに制定された学校保健安全法では，学校（教員）側が子どもに対する安全・安心の場の提供に資する義務があることが，法律の側面から明記されている。また，同法26条に明記された「加害行為」に，「いじめや暴力行為など児童生徒同士による傷害行為」が含まれたことも特徴である。いじめ行為によって他者に「危険を及ぼす存在」になりうるものとして，子どもをとらえるようになったと

言えるからである。

また，2011年に発生した滋賀県大津市の中学2年生のいじめ自殺は，「いじめ防止対策推進法」（2013年施行）の制定につながった。これはいじめに関する初めての法律整備であり，学校（教員）や国・自治体（教育委員会）の責任を明記しているのが特徴である。

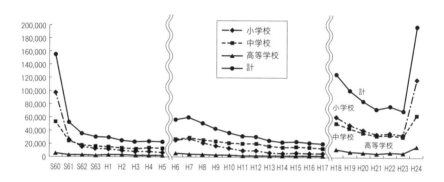

	60年度	61年度	62年度	63年度	元年度	2年度	3年度	4年度	5年度
小学校	96,457	26,306	15,727	12,122	11,350	9,035	7,718	7,300	6,390
中学校	52,891	23,690	16,796	15,452	15,215	13,121	11,922	13,632	12,817
高等学校	5,718	2,614	2,544	2,212	2,523	2,152	2,422	2,326	2,391
計	155,066	52,610	35,067	29,786	29,088	24,308	22,062	23,258	21,598

	6年度	7年度	8年度	9年度	10年度	11年度	12年度	13年度	14年度	15年度	16年度	17年度
小学校	25,295	26,614	21,733	16,294	12,858	9,462	9,114	6,206	5,659	6,051	5,551	5,087
中学校	26,828	29,069	25,862	23,234	20,801	19,383	19,371	16,635	14,562	15,159	13,915	12,794
高等学校	4,253	4,184	3,771	3,103	2,576	2,391	2,327	2,119	1,906	2,070	2,121	2,191
特殊教育諸学校	225	229	178	159	161	123	106	77	78	71	84	71
計	56,601	60,096	51,544	42,790	36,396	31,359	30,918	25,037	22,205	23,351	21,671	20,143

	18年度	19年度	20年度	21年度	22年度	23年度	24年度
小学校	60,897	48,896	40,807	34,766	36,909	33,124	117,383
中学校	51,310	43,505	36,795	32,111	33,323	30,749	63,634
高等学校	12,307	8,355	6,737	5,642	7,018	6,020	16,274
特別支援学校（特殊教育諸学校）	384	341	309	259	380	338	817
計	124,898	101,097	84,648	72,778	77,630	70,231	198,108

（注1）平成5年度までは公立小・中・高等学校を調査。平成6年度からは特殊教育諸学校，平成18年度からは国私立学校，中等教育学校を含める。
（注2）平成6年度及び平成18年度に調査方法等を改めている。
（注3）平成17年度までは発生件数，平成18年度からは認知件数。

図1-1 いじめの認知（発生）件数の推移

（文部科学省「平成24年度児童生徒の問題行動等生徒指導上の諸問題に関する調査」
http://www.mext.go.jp/b_menu/houdou/25/12/1341728.htm）

いじめ防止対策推進法の策定に伴い，いじめの定義も「児童生徒に対して，当該児童生徒が在籍する学校に在籍している等当該児童生徒と一定の人的関係のある他の児童生徒が行う心理的又は物理的な影響を与える行為（インターネットを通じて行われるものも含む）であって，当該行為の対象となった児童生徒が心身の苦痛を感じているもの。なお，起こった場所は，学校の内外を問わない」と変更された。本定義において，「インターネット」というツールによるいじめが認識されていることは特徴的である。

また，大津市のいじめ自殺を受けて，2012年11月に公表された「いじめの問題に関する児童生徒の実態把握並びに教育委員会及び学校の取組状況に係る緊急調査」（文部科学省「いじめ緊急実態調査」）の結果，2011年（平成23年）のいじめ認知件数は約7万件であったのに対して，2012年（平成24年）4月から9月の半年間における「いじめ」認知件数は約14万4千件であった。同年の「児童生徒の問題行動等生徒指導上の諸問題に関する調査」によると，最終的な1年間の確定値は19万8千件である（**図1-1**）。

【参考】2013年頃のいじめの定義と通知・通達

【2013年度からの定義】

「いじめ」とは「児童生徒に対して，当該児童生徒が在籍する学校に在籍している等当該児童生徒と一定の人的関係のある他の児童生徒が行う心理的又は物理的な影響を与える行為（インターネットを通じて行われるものも含む）であって，当該行為の対象となった児童生徒が心身の苦痛を感じているもの。なお，起こった場所は学校の内外を問わない」

本調査において，個々の行為が「いじめ」に当たるか否かの判断は，表面的・形式的に行うことなく，いじめられた児童生徒の立場に立って行うものとする。

「いじめ」の中には，犯罪行為として取り扱われるべきと認められ，早

期に警察に相談することが重要なものや，児童生徒の生命，身体又は財産に重大な被害が生じるような，直ちに警察に通報することが必要なものが含まれる。これらについては，教育的な配慮や被害者の意向への配慮のうえで，早期に警察に相談・通報の上，警察と連携した対応を取ることが必要である。

【通知・通達】
- 文部科学省（2007）「問題行動を起こす児童生徒に対する指導について（通知）」（平成19年2月5日）18文科初第1019号
- 文部科学省（2012）「いじめ，学校安全等に関する総合的な取組方針～子どもの『命』を守るために～」（平成24年9月5日）
- 文部科学省（2013）「いじめ防止対策推進法の公布について（通知）」（平成25年6月28日）25文科初第430号
 （別添3）「いじめ防止対策推進法」（平成25年法律第71号）

教育現場への通知・通達から

（1）問題行動を起こす児童生徒に対する指導について（通知）

「加害行為」を起こす児童生徒を教室から排除するかどうかは議論の余地があるが，文部科学省（2007）は，「問題行動を起こす児童生徒に対する指導について（通知）」において，「他の児童生徒の教育を受ける権利を保障するために採られる措置」として「出席停止」制度の活用（学校教育法第35条）を求めている。つまり，学校は子どもの安全・安心を確保することと同時に，「心理危機マネジメント」の観点から出席停止の制度の活用に法的根拠を有することになったと言える。

また，いじめ加害による出席停止の法的根拠となるものに学校保健安全法が挙げられる。同法は，学校保健法の一部が改正されたもので，子どもの安全・安心に着眼を置き規定している法律である（2008年6月に公布され，2009年4月1日より施行）。

同法の中でとくに，子どもの安全・安心を明記しているのは第26条で，「学校において事故，加害行為，災害等により児童生徒等に生ずる危険を防止」することが規定されている。

この中の「加害行為」には，「他者の故意により，児童生徒等に危害を生じさせる行為を指す」とされ，「不審者が児童生徒等に対して危害を加えるような場合等」のほか，「いじめや暴力行為など児童生徒同士による傷害行為も含まれる」とされる。そして，いじめなどにより子どもが「身体的危害を受けるような状態」にあり，子どもの安全確保が必要な場合には，「学校安全の観点から本法の対象となる」と明記されている。

加害行為を起こす子どもを危険や危険因子ととらえ出席停止の処置を講ずるには，学校現場では慎重な判断を要することになるが，厳しい判断を下すこともときに必要であろう。

（2）いじめ，学校安全等に関する総合的な取組方針 ～子どもの「命」を守るために～

文部科学省（2012）は，いじめと学校安全という観点から，「いじめ，学校安全等に関する総合的な取組方針～子どもの『命』を守る～」という取組方針を発出している。ここでは，「いじめの問題への対応強化」として，「１．学校・家庭・地域が一丸となって子どもの生命を守る」「２．学校・教育委員会との連携を強化する」「３．いじめの早期発見と適切な対応を促進する」「４．学校と関係機関の連携を促進する」という四つの基本的な考え方を示している。この方針では，スクールカウンセラーや他機関との「連携」の必要性が強調されている。

（3）いじめ防止対策推進法（2013）

いじめ防止対策推進法は，子どもの安全・安心にかかわるいじめ問題に対する学校（教員）と国・自治体（教育委員会）の責務を規定してい

る法律である。

　2011年に発生した滋賀県大津市の中学2年生のいじめ自殺によって，いじめの問題に対する法律整備の必要性が指摘され，同法が制定された（2013年6月21日に成立，同年9月28日より施行）。

　いじめ防止対策推進法については第2章に詳述するが，いじめが，①いじめを受けた子どもの教育を受ける権利を侵害し，②いじめを受けた子どもの心身の健全な成長および人格の形成に重大な影響を与え，③いじめを受けた子どもの生命または身体に重大な危険を生じさせるおそれがある，という観点から構成されている。いじめの防止，いじめの早期発見，いじめへの対処のために，いじめ防止対策の基本理念を定め，国や地方公共団体等の責務を明らかにし，いじめ防止対策の基本事項を規定することを目的としている（第1条）。

　同法の規定により，学校はいじめの早期発見のための定期的な調査等適切な措置を講じ（第16条1項），相談体制を確立し（同3項），関係機関との連携体制整備に努め（第17条），教職員に対する知識向上のための研修を実施し（第18条），いじめの兆候を発見した者は，学校へその旨を通報し（第23条1項），学校は速やかに事実関係の有無を確認しその結果を設置者に報告（同2項）しなくてはならない。

　学校の組織的な対応（第22条），いじめの「重大事態」（第28条）における学校の対応についても同法に規定されている。学校は，いじめ防止対策推進」の組織的な対応および重大事態に対する学校組織の流れに着目し，これからのいじめの課題の対応を考えていくことが大切である。とくに重大事態に関する規定は，いじめによる自殺防止に大きく寄与するものと考える。

[6] いじめの定義は子どもの様相をとらえる 必要不可欠なコンパス

このように，文部科学省によるいじめの定義は子どもの自殺事件など を契機にたびたび変わってきたが，これは厳しい言い方をすれば，学校 がいじめをとらえきれなかった敗北の結果とも言えるだろう。いじめで 自殺するような子どもを二度と生み出してはならない。これが，本書で 言いたいことである。

（1）いじめ認知と実態

文部科学省はいじめに関する統計調査を基本的に年に一度行っている （児童生徒の問題行動等生徒指導上の諸問題に関する調査）。

この調査で，各学校はいじめの定義に基づく認知件数を報告している が，約4割の学校がいじめを認知している一方で，約6割の学校ではい じめが認知されていない。すなわち，約6割の学校にはいじめがない （いじめゼロ）というわけである。学校にいじめが1件もないという状 況は，ほんとうにあるのだろうか。

いじめがない学校であるに越したことはないのだが，1件も計上され ない状況には懐疑的にならざるを得ない。もし「学校として，いじめは ゼロでないといけない」「いじめがある学級の担任は指導力がない」な どと，いじめの存在そのものを否定し，隠蔽しようとする雰囲気が学校 風土の中に醸成されているのであれば，そのほうが大問題である。いじ めの存在を認め，表面化できる学校風土の醸成に，直ちに努めなければ ならない。

学校全体として，必ず存在するいじめの課題に本気で向き合い，取り 組んでいくために（それでもとらえきれないいじめはあるのだから），教員一人一人のいじめに対する高い意識や，いじめの存在を真摯に認め

対応するという管理職のメッセージが大切である。

（２）　定義をいじめの予防にどう生かすか

　あらためて，いじめの定義は何のためにあるだろうか。それは，教員が一つの方向性をもっていじめ対応に当たるためのコンパス（羅針盤）だと考えている。教員一人一人が，常に「いじめがあるかもしれない」という高い意識のもとに，本気でいじめに向き合うためのコンパスである。もちろん，コンパスを知っているからと言って，いじめが解決できるわけではない。しかし，コンパスを知らないで，いじめをとらえることはできない。

　また，どのような経緯を経てコンパス（いじめ定義）が変容してきたのかをとらえておくことは，今日のいじめをとらえ，苦しんでいる子どもに寄り添うために役に立つ。

　例えば，2006年度からのいじめの定義には「当該児童生徒が，一定の人間関係のある者から，心理的，物理的な攻撃を受けたことにより，精神的な苦痛を感じているもの（以下省略）」と記されているが，それまでのいじめの定義では，「①自分より弱い者に対して一方的に，②身体的・心理的な攻撃を継続的に加え，③相手が深刻な苦痛を感じているもの（以下省略）」と記されていた。

　この二つの定義によって，いじめの対応の方向性は大きく変わったと言える。例えば，『ドラえもん』に登場するジャイアンからのび太に対する攻撃は，「自分より弱い者に対して」という定義から，いじめとなると考えられる。のび太はジャイアンに逆らえば，暴力を振るわれ従わざるを得ない。支配＝服従の関係もあると言えるだろう。

　一方で，のび太からジャイアンに対する攻撃については，いじめには当たらないということになる。なぜなら，教員がいじめの有無を判断するときの根拠として，いじめの定義に「自分よりも弱い者に対して」と記されているからである。

しかし，そもそも，弱い＝強いはどうやって認定されるのだろうか（そこは個人の主観によるものが大きいのではないか）。ジャイアンものび太から心理的な攻撃を受けて苦痛を感じているかもしれないではないか。であるならば，のび太のジャイアンに対する攻撃もいじめと認定すべきではないか。そして，見逃しがちなことではあるが，人間関係は常に流動的で変化していくものである。のび太とジャイアンの関係に変化はないだろうか。

つまり，過去の定義では，ジャイアンはいじめの対象になり得ないと了解してしまうことに危うさがあったということである。こうした了解は，今日，「一定の人間関係のある者」と定義が変容された経緯において，見逃してはならない観点である。

大切なのは，どんな子どももいじめの被害者になるし加害者にもなり得るのだという認識である。コンパス（いじめの定義）は指針であるが，それだけに頼るのではなく，生の子どもと対峙する中で，些細な心の痛みにどれだけ寄り添っていけるかが重要なのである。

（3）同僚教員の閾値を理解する～チームで考える～

同じ場面を目撃したときに，それをいじめと考える人もいれば，いじめだとは思わない人もいる。ある事象に対して，人の感じ方は異なるものである。こうした感覚の違いは，「閾値」の問題として理解することができる。すなわち，閾値とは，教員一人一人が考えている（内在化している）いじめのラインと言える。だからコンパス（いじめの定義）があるといっても，自分一人だけでいじめかどうかを判断することは危険である。

そうした中でいじめに向き合う際には，子ども間の人間関係をいかに理解するかを他者と話し合うことがカギになる。日頃の子どもの様子から，「何となく気になる」「○○と△△の人間関係が変わってきている」などと感じたことやその思いを，学年主任や同僚教員と相談することが

重要になる。

　自分のクラスにいじめがあるかもしれないという状況は，自身の学級経営力や自尊心との関係で認めたくないという心理が働くかもしれない。しかし，ほんとうに傷ついて困っているのは子どもかもしれないという状況下では，ほかの教員に思いを伝えてほしい。「もしかしたら，私のクラスでいじめが起こっているかもしれない。○○と△△との人間関係を見ていてそう思うのです」と，援助を要請してほしい。援助を要請することは，みんなで子どもの人間関係を考える始まりになる。つまり，一人で抱え込まずにチームで考えていくことが重要なのである。

　そのためには，他者との閾値の違いに臆することなく，自身の思いを発信し続けられることが大切だと思う。ある同僚教員は「その程度のことならいくらでもある。気にしすぎだ」と言い，ある同僚教員は「それは単に◇◇ということではないのか」と言い，さらにある同僚教員は「○○のことは，私も気になっていた」などと，それぞれの見立ては異なるかもしれない。しかし，声を上げることに，意味があるのである。むしろ，上げ過ぎても「過ぎる」ということはない。子どもが苦しんでいるかもしれないと，問題を顕在化（いじめがあるかもしれない）させることにこそ，意味がある。

　だから，力の強い教員の言葉（「いじめではないと思う。考え過ぎ」など）に影響されて，自身の見立てを取り下げる必要は全くない。いじめがあるのかを皆で多角的な視点から考えることを通して，ほんとうの子どもの人間関係に近づくことができればいいのである。

（4）学校組織・同僚教員が声を上げたことを賞賛・奨励する　　～高信頼性組織になれるか～

　いじめがあるという声が上がり，調べた結果，たとえいじめではなかったとしても，学校組織・同僚教員としてそれを温かく受け入れることが，いじめに対する高い意識をもつ学校づくりにつながる。声を上げた

という事実を賞賛し奨励していくような学校組織・同僚教員をめざすことが大切である。「いじめかもしれない」という疑念や思いを抱くことができた高いアンテナを大切に，声を上げること自体を奨励しなくはならない。

　こうした考え方は，「高信頼性組織」（コラム１，P36参照）の研究に通じるものがある。ワイク＆サトクリフ（2002）は，高信頼性組織のマインドに関して，「マインドをフルに働かせる（mind-fulness）」と述べている。

　マインドフルとは，「いまどういう状況なのか，何が問題なのか，どのような対処策があるかなど，妥当と思われる解釈を継続的に更新し，深めようとする心理」のことである。すなわち，ある教員の「いじめがあるかもしれない」という気づきによって，いじめの有無を検討するという状況になり，どのような対応策があるのかということを，継続的に更新しながら深めようと動く学校の状態だと言える。

　一方，これとは反対のマインドレスな状態に対して，ワイク＆サトクリフ（2002）は，「危険の兆候を見逃し」「状況の変化に気づかず」「決められたマニュアルに従って目の前の状況に，古いカテゴリーを無理矢理当てはめ，つまらない厳密さにこだわり，オペレーションはもっぱらマニュアル通りで，未知の状況なのに普段見慣れたものへと見なしてしまう心理」が働き，ルーティンが過信されてしまう状態だとしている。学校で言えば，いじめの兆候を見逃し，子どもの変化に気づかず，目の前の状況をこれまでの枠組み（カテゴリーグループ）に無理矢理当てはめ，いじめはないものとして了解されてしまうという状態である。

　間違っていたことで非難され叱責を受けるような学校組織では，互いの閾値の違いには対応できない。学校こそ，些細な兆候を丁寧にとらえていくことが当たり前なマインドフルネスな組織であるべきなのである。

Column 1

学校組織が高信頼性組織になるためには

● 高信頼性組織とは

　高信頼性組織（High Reliability Organization）とは，ミスや失敗がゆるされない組織，例えば送電所，航空管制システム，原子力航空母艦，原子力発電所，緊急医療センター，人質解放交渉チームなどで運用されている組織理論です（ワイク＆サトクリフ，2002）。

　そのような組織では，いつどのような事態が起こっても対処できるように，「いまどういう状況なのか，何が問題なのか，どのような対処策があるかなど，妥当と思われる解釈を継続的に更新し，深めようとする心理」を常に働かせておくことが求められます（マインドフルネス）。

　そして，予期せぬ事態への対処活動は，上記のような特別な事業所だけではなく，事案の枠を超えて一般化が可能であるとされています。学校に当てはめるなら，常に「いじめがあるかもしれない」という高いアンテナを働かせ，些細な気づきも報告し合い，いじめの有無を検討するという状況になり，どのような対応策があるのかということを，継続的に更新しながら深めようと動く学校の状態だと言えるでしょう。

　いじめの定義（コンパス）は，いじめ自殺など重大事案が起きるたびに変更されてきました。これは，これまで学校が子どもの些細な兆候を見逃していたということであり，いうならば「マインドレス」の状態にあったと言えるのではないでしょうか。さらに言えば，学校がいじめの件数をゼロと計上してくる状態も，マインドレスな状態と言えるのではないかと考えています。

　担任教師や管理職が目の前の子どもの些細な兆候に気づかず，気づいてもこれまでの枠組み（カテゴリー）に無理矢理当てはめてなかったも

のとして了解してしまう。もし，そうした状況があったのだとしたら，直ちに改めなくてはならないのです。学校は教員のためにあるのではなく，子どもの心身の成長発達のためにあるのだということを，認識する必要があるのです。

　第1章でも述べてきたように，子どもの人間関係を照らし合わせる「コンパス」としていじめの定義を押さえ，一人で抱え込まず援助要請して「チーム」で対応することは，子どもの些細な兆候を見極めることにつながり，「マインドフル」な組織への第一歩になります。教員一人一人が高いアンテナを張り，子どもの些細な兆候に声を上げることを躊躇せず（学校としても声を上げること自体を奨励する），丁寧に子どもに寄り添っていくことが重要です。

● リスクマネジメントとクライシスマネジメントを包含する組織

　子どもの危機に対して，学校組織・教員一人一人がどれだけ高い意識をもてるかということは，リスクマネジメントやクライシスマネジメントの観点からも重要です。これを実現しようとするときにも，高信頼性組織の考え方にヒントがあると考えています。

　高信頼性組織の理論は，マインドフルを前提に，「①失敗から学ぶ，②単純化を許さない，③オペレーションを重視する，④復旧能力を高める，⑤専門知識を尊重する」という五つの特徴を有しています。

　このうち，①失敗から学ぶ，②単純化を許さない，③オペレーションを重視するは，子どもの些細な兆候を的確にとらえるリスクマネジメントの視点と言えます。

　予期しない事態は，予兆・進行中にかかわらず「現場」で発生します。すなわち，「手がかりは現場にあり」です。この手がかりを見つけて生かせるかどうかは③にかかっています。

例えば，子ども同士の会話や行動が，いじめにつながりかねない「いじり」に感じられたとしても，それを感じ取った教員が，その出来事だけをもって，それが重大事態の予兆なのかどうかということを判断するのは困難だと思います。しかし，そこに「報告する文化」「情報を共有する文化」「風通しの良い文化」（オペレーション）が醸成されていれば，些細な兆候であっても学年会議や職員会議の場に報告されることになります。そこに「暴力を振るわれているのを見かけた」「金品を要求させられていた」などの情報がほかの教員からも寄せられれば，重大事態が疑われるという判断がつきやすくなり，早期に対応策を検討することができるようになるのです。すなわち，リスクマネジメントです。

　一方，さきにあげた5つの特徴のうち，④復旧能力を高める，⑤専門知識を尊重するについては，実際に重大事態が生じた際に学校組織・教員一人一人がその対処に当たる場合であり，クライシスマネジメントの視点と言えます。重大事態は，学校組織にとっても子ども本人にとっても「危機」であると言えるのです。

　④復旧能力を高めるということに関しては，起こってしまった事態下で，学校組織としていかに行動を引き出すことができるかが大切になります。⑤専門知識を尊重するということに関しては，事態の収束に適した専門知識を有する人やチームに，組織の権限を一時的に移動することを検討することも重要です。なぜなら，学校などのヒエラルキー型組織は，危機下に対して独特の脆弱性を有していると指摘され，出来事によって組織が機能しなくなることがあるからです。

●学校組織の留意点

　ヒエラルキー型組織では，専門知識を有しているかどうかよりも，重大な意思決定を行うのは「重要」な高い地位にある人であることが指摘

されています。学校は，校長を意思決定権のトップとするヒエラルキー型組織ということが言えます。教頭や教務主任，そしてスクールカウンセラーが，校長の補佐役として，意思決定の過程を補完する体制をもつことが重要です。ときには意思決定の権限を校長が柔軟に委譲することも，大切な視点になってくるのではと考えます。

第2章

いじめ防止対策推進法における
組織的な対応および重大事態の理解

　いじめに対する学校の対処方法を明確にしている総合的な法律は「いじめ防止対策推進法」(2013) である。この法律は，社会総がかりでいじめから子どもを守るための基本理念を定め，学校や教員，国，自治体，教育委員会の果たすべき責務を規定したものである。いじめの課題に対する取組みを進めていくときに，学校組織のガイドラインにもなるものである。

　そこで本章では，いじめ防止対策推進法に基づきながら，いじめの課題へ取り組むときに大切な「組織的な対応」および「重大事態」における学校の対応について，主にとらえていくことにする。子どもの安全・安心にかかわるいじめ問題に対して，学級担任個人の視点だけでは意識しにくい部分からも，多くの示唆を与えてくれるだろう。

　重大事態の対処では，高いアンテナをもって子どもを丁寧に見ていけるかが大きく影響してくる。子どもの言動の意味を見逃さず，教員一人一人が失敗や間違いに対して臆することなく声を上げられるような組織づくり（風通しの良い組織風土）が大切なのは，第1章と同様である。重大事態かもしれないと声を上げること自体に価値を置けるような組織をめざし，高信頼性（コラム1, p36参照）のある組織論を学校組織に根付かせるような意識改革が望まれる。

第Ⅰ部　いじめに対する認識－理論編

> ＜いじめ防止対策推進法の主な内容＞
> • いじめの防止，いじめの早期発見，いじめへの対処のために，いじめ防止対策の基本理念を定め，国や地方公共団体等の責務を明らかにし，いじめ防止対策の基本事項を規定することを目的とする（第１条）。
> • 学校はいじめの早期発見のための定期的な調査等適切な措置を講じ（第16条１項），相談体制を確立し（同３項），関係機関との連携体制整備に努め（第17条），教職員に対する知識向上のための研修（第18条）を行うこととする。
> • いじめの兆候を発見した者は，学校へその旨を通報し（第23条１項），学校は速やかに事実関係の有無を確認しその結果を設置者に通告（同２項）しなくてはならない。
> • 学校の組織的な対応（第22条），いじめの重大事態（第28条）における学校の対応について規定する。

[1] 組織的な対応（第22条）

　教員は，自身のクラスで発生したいじめの課題に対して，自分で何とか対応したいという心理が働くことが多くある。そこには，教員としての自尊心やほかの教員に援助を求めることへの抵抗感も影響しているだろう。

　しかしながら，いじめの課題において最も重要なのは，一人で抱え込まずにチームで対応していくことである。とくに，「事実関係の把握」「いじめの有無の判断」は，できるかぎり多くの目で判断することが必要であり，組織的に行うことが重要である。

　このような観点から，教員の抱え込みを防ぎ，組織で対応することを条文で明記しているのが，いじめ防止対策推進法の第22条である。

【参考】学校におけるいじめの防止等の対策のための組織

> 学校は，当該学校におけるいじめの防止等に関する措置を実効的に行うため，当該学校の複数の教職員，心理，福祉等に関する専門的な知識を有する者その他の関係者により構成されるいじめの防止等の対策のための組織を置くものとする（第22条）

　いじめの課題が発生するのは第一義的に学校である。子どもたちの安心・安全のために，いじめを発見して適切に対応していく過程では，各々の教員がもつ当該のいじめに関する情報を共有していくことが欠かせない。そのためには，教員が一人で抱え込まないように，子どもの些細な兆候や子どもからの訴えによって得た情報を日常的に報告し合い，対応を相談できる組織づくりが大切になる。

　すなわち，情報の集約や共有を行う組織的な対応が重要であり，これは危機管理上のリスクマネジメントでもある（**表2-1**）。

表2-1　学校の組織的な対応

子どもの些細な兆候や子どもからの訴えを抱え込まない。
情報の集約や共有して「組織的な対応」をする

「いじめ」の危険が
あるかもしれない状況

情報の集約や共有

- 子どもの様子
- 情報の発信元
- 見立て

組織的対応

- 指導・支援体制を整える
- 「いじめ対策委員会」など

リスク・マネジメント

- いじめられた児童生徒の立場にたって指導する
- いじめられている子ども（被害者）を救い出す
- いじめた子ども（加害者）に，いじめをすることについて考えさせる。自覚させる（出席停止についても視野に入れる）

- 学校と関係機関との連携
- 家庭との連携（家庭から情報を収集する。事実確認を行う）
- 今後の対応について話し合う

（兵庫県教育委員会いじめ対応マニュアル
http://www.hyogo-c.ed.jp/~gimu-bo/ijimetaiou/manyuaru2908.pdfを参考に小沼が作成）

いじめが見えにくく多様化してきているからこそ，教員一人一人が丁寧に子どもをとらえ，気づいたことをすぐに情報共有できるような体制づくりが求められる。組織においては，「風通し」のよい雰囲気づくりと，気軽に助けや援助を求められる「援助要請」の力を高めることが大切であろう。

[2] 重大事態（第28条）

（1）重大事態について

　いじめ防止対策推進法では，いじめによる重大事態として次の二つのケースを想定している（第28条）。重大事態と疑われる場合には，学校は子どもの重大な被害を丁寧に把握し，子どもの心理的な危機に真摯に向き合っていかなくてはならない。

【参考】重大事態－学校の設置者又はその設置する学校による対処

①いじめにより当該学校に在籍する児童等の生命，心身又は財産に重大な被害が生じた疑いがあると認めるとき（第28条第1項第1号）

②いじめにより当該学校に在籍する児童等が相当の期間学校を欠席することを余儀なくされている疑いがあると認めるとき（第28条第1項第2号）

　このように，重大事態は，「生命，心身又は財産に対する重大な被害（第1号）」と「相当の期間学校を欠席することを余儀なくされている状態（第2号）」の二つに区別される。具体的にどのような場合が当てはまるのかを次にみていこう。

　第1号について，「生命」に重大な被害が生じることとは，自殺行為

（自殺未遂を含む）が挙げられる。「心身」に重大な被害とは，精神疾患，骨折，打撲，火傷などが挙げられる。「財産」に重大な被害とは，子ども自身の財産や保護者の財産から金品を奪われることが挙げられる。恐喝や暴力も指摘できる。

「疑いがある」とは，いじめの行為と重大な被害との間に因果関係が疑われるということである。この時点で実際にいじめがなくても，重大な被害（「生命の危険」「精神的被害」「身体被害」「財産被害」）については，学校の設置者（多くは自治体）または学校にとって明白でなければならず，被害発生の疑いがあるというだけでは重大事態には当たらない。

第2号ついては，「相当の期間」がどれくらいかは，法律上は明確にされていない。しかしながら，いじめが原因で欠席する場合は長期化することが多いことや心理的に切迫する可能性が高いことを鑑みて，概ね30日程度と考えられる。「児童生徒の問題行動等生徒指導上の諸問題に関する調査」における不登校の定義が30日間であることも踏まえ，「不登校重大事態」としてとらえられる。

（2）不登校重大事態への対応

文部科学省（2016）は，学校の長期間の欠席がいじめによるものと疑われるとき（不登校重大事態）に，学校や設置者が適切に調査を行うための指針を策定し，それを周知するように各道府県教育委員会などに対し通知を発出した。

その際，「不登校重大事態に係る調査の指針」として，「不登校重大事態に該当するか否かの判断」「不登校重大事態発生時の措置」「報告事項の例」などを記している。

不登校重大事態の判断に当たっては，欠席期間が年間30日（目安）に到達する前から学校の設置者に報告・相談し，情報共有を図ることが求められる。そのうえで，学校の設置者または学校が，事実関係をもとに

第Ⅰ部 いじめに対する認識－理論編

表2-2 不登校重大事態に係る調査の指針（概要）

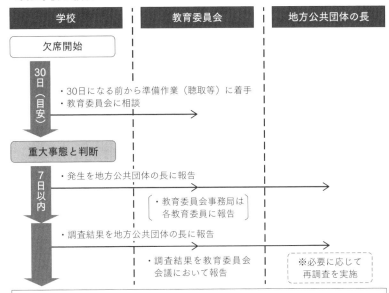

（文部科学省 http://www.mext.go.jp/a_menu/shotou/seitoshidou/1368460.htmより）

不登校重大事態に該当するか否かの判断を行う（**表2-2**）。ただし，正当な事由がなく児童生徒が連続して欠席している場合は，3日を目安に校長等へ報告を行い，さらに7日以上連続して欠席して児童生徒本人の状況の確認ができない場合は，学校の設置者に報告を行う。

調査の結果から不登校重大事態と判断された場合は，公立学校では，学校の設置者である地方公共団体の教育委員会を経由して，当該地方公共団体の長に報告する。私立学校の場合は，当該学校の設置者を経由し

て所轄する都道府県知事へ報告する。

（3）重大事態への対応

第1号の重大事態があると疑われた場合，学校はいじめ対策委員会などを組織して，事実把握と再発防止に向けて，その事態の有無を調査しなくてはならない。また，市町村長など首長へ報告を行うことが義務づけられている（第30条）。

対応は下記の流れに沿って進行していく（**表2-3**）。

重大事態への対応では，事態の深刻化を防ぐために，「（事象の）単純化を許さない」「専門知識を尊重する（権限を移譲する）」ことも求められている。

3 リスクマネジメントとクライシスマネジメントの視点

（1）重大事態では子どもの重大な被害の確認が必要

いじめ防止対策推進法が施行され，重大事態に関しても明記された。この文言をどのように生かしていくのか。それは，まさに学校現場の教員一人一人の意識や，管理職の采配にかかっていると言っても過言ではない。

これまでのルーティンの中でしか思考しないようないじめ対応は，もう改めなくてはならない。子どもの些細な兆候に対しても躊躇なく声を上げ，その声を肯定的にとらえ，事実確認の調査や報告を迅速に行うことが当たり前である組織風土（学校文化）を，管理職がいかにして醸成していけるかが重要な視点となると思う。

このように，いじめ対応では，重大事態を未然に防ぐために，日常の

第Ⅰ部　いじめに対する認識－理論編

 表2-3 重大事態への対応

```
┌─────────────────┐
│  重大事態の発生      │
│ （学校現場での判断）  │
└─────────────────┘
         ↓                調査主体の
                          判断を行う
┌─────────────────┐      ┌─────────────────────────┐
│  管轄する市町村の    │ ──→  │ 所管する教員委員会が調査主体となる場合 │
│  教育委員会への報告  │      └─────────────────────────┘
└─────────────────┘       ┌─────────────────────────┐
         ↓                 │ 学校は教育委員会の指示のもと，資料の提出などの │
                           │ 調査に協力する                          │
┌─────────────────┐       └─────────────────────────┘
│ 学校を調査主体とした場合 │
└─────────────────┘
┌─────────────────────────────┐
│ 学校は教育委員会の指導・助言そして支    │
│ 援のもとで，下記のような対応に当たる    │
└─────────────────────────────┘
         ↓
┌─────────────────────────┐
│ 学校現場の下に，重大事態を調査する     │
│       組織を設置する            │
└─────────────────────────┘
```

- 調査を行う組織の構成については，専門知識及び経験を有する者の参加を図る
- 当該いじめ事案の関係者と直接の人間関係または特定の関係を有しない第三者の参加を図ることにより，調査の公正性・中立性を確保するように努める
- 第三者の選定については，教育委員会から支援を行う

```
┌─────────────────────────┐
│ 調査組織で，事実関係を明確にするため    │
│        の調査を実施する          │
└─────────────────────────┘
```

- いじめ行為の事実関係を網羅的に明確にする。因果関係の特定を急ぐのではなく，客観的な事実関係を速やかに調査する
- 学校が先行して調査している場合においても，調査組織において資料の再分析を行う
- 調査主体に不都合な事実があったとしても，その事実関係を明確にする

```
┌─────────────────────────┐
│ いじめを受けた児童生徒及び保護者に     │
│      対して情報提供を行う         │
└─────────────────────────┘
```

- 調査によって明らかになった事実の情報提供を行う
- 関係者の個人情報に十分に配慮する
- 個人情報を方便に説明を怠ることがないように配慮する
- 得られたアンケートは，被害児童生徒や保護者に提供することがあることを念頭におく
- アンケート調査においては，公表する可能性があることなどを調査対象の児童生徒や保護者に説明する

```
┌─────────────────────────┐      ┌─────────────────────────┐
│ 調査結果を所管する教育委員会に報告する  │      │ いじめ被害者またはその保護者の所見をまとめた文 │
└─────────────────────────┘      │ 章の提供を受け，調査結果に添える（いじめを受け │
         ↓                              │ た児童生徒またはその保護者の希望による）     │
┌─────────────────────────┐      └─────────────────────────┘
│ 調査結果を踏まえた必要な措置を講じる    │      ┌─────────────────────────┐
└─────────────────────────┘      │ 学校を所管する教育委員会は，指導主事や教育セン │
                                         │ ターの専門家の派遣による支援，教職員の配置といっ │
                                         │ た人的体制の強化といった措置を講じる         │
                                         └─────────────────────────┘
```

島本町重大事案マニュアルを参考
(http://www.shimamoto-ele01.ed.jp/140501ijimebousi-siryou4.pdf　2017年11月5日確認)

子どもの様子を丁寧にとらえて対応する側面（リスクマネジメント）が最も重要である。そして，万が一にも重大事態が発生してしまった場合には，その拡大を最小限に抑えること（クライシスマネジメント）が必要となる。

（2）リスクマネジメントの視点

　リスクマネジメントの観点からは，重大な被害が生じる前に，子どもの些細な兆候を的確にとらえていくことが重要である。子どもの危機につながる可能性のある危険因子を，できるだけ早い時点で除去・回避するという視点が大切になる。

　それには，「ハインリッヒの法則」や「バードの法則」などといった法則を，リスクマネジメントとしてとらえることができる。ハインリッヒの法則とは，労働災害を統計的に分析していたハインリッヒが，1件の大きな事故・災害の背後には，29件の軽微な事故・災害，そして300件のヒヤリ・ハット（事故にはいたらなかったもののヒヤリとした，ハッとした出来事）が存在することを表した法則である。

　バードの法則とは，フランク・バードが，297社175万3500件の事故を分析した結果，1件の大きな事故・災害（重傷）に対し，軽傷10件，物損30件，ヒヤリ・ハット600件が発生するという法則である。ハインリッヒの法則（1：29：300の法則）と数字は異なるが，意味としては同義である。大きな事故・災害は，偶然生じたのではなく，類似の問題の芽は多く存在するということである。

　つまり，日頃の子どもの様子を丁寧に把握することで，ヒヤリ・ハッとした出来事を見逃さないよう丁寧に検討することが，重大事態を未然に防止することにつながる。

（3）クライシスマネジメントの視点

　未然に重大事態を防ぐことができず，事態が発生した際には，その被

害を拡大しないように対処していくことが重要になる。すなわち，クライシスマネジメントの観点である。そのためには，子どもが重大事態に直面したときの動き方や連絡方法のスキームを，教員一人一人が認識しておくことが大切である（【参考】重大事態発生時の措置，p51を参照）。「もし，自分のクラスで重大事態（疑われるを含む）が発生したら，だれに報告しどのように対処したらよいのか」という教員の「重大事態に対する対処訓練」を行っていく。

出来事を隠すことなく，早期に事態を開示して対処することに重きを置く組織内の価値を形成していくことが重要である。重大事態に当たるか否かの判断についても，一人で行うのではなく，多角的な視点をもって複数人で「チーム」で行うことが望ましいだろう。そして，重大事態であると判断した場合には，チームで迅速に対処していく。これがクライシスマネジメントの重要な点である。

（4）重大事態をいかにしてマネジメントしていくのか　　　という視点をもつ

子どものいじめ自殺が起きたとき，自殺にいたるまでのいじめの実態について丁寧にアセスメントが実施され，些細な兆候をマネジメントできていれば防げたのではないかと私たちは考える。ところが実際には，子どもの言動の意味や急迫性を見誤ったことによって学校が組織として機能不全に陥ってしまい，それがむずかしいということが珍しくない。

子どもにおける「事態の急迫性」と学校における「組織が機能不全に陥る危険性」について，次のモデル図（**図2-1**，p50）から示したいと思う。

図2-1の①は，事態の急迫性が高いと認識され，それに伴って組織的に柔軟な対応を行う必要性も強いととらえられている状態である。時間の経過（組織における援助を実施）によって，組織的な対応の必要性は低下していくことを示している。

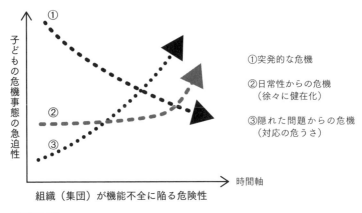

図2-1　事態の急迫性から組織に与える危険性（作成：小沼）

　②は，子どもの危機（いじめの可能性）を認識していながらも，事態の急迫性が高いと認識されていない状態である。それに伴って，組織的に柔軟な対応の必要性もあまりとらえられていないため，対処は遅れがちになる。時間経過（組織における援助を実施）では小康状態を維持するものの，ある段階を境に加速的に危機が高まり，それに伴って組織的に柔軟な対応の必要性も急激に高まる。

　③は，事態の急迫性が認識されていない状態である。何の手も打たれないので，時間の経過とともに，事態はどんどん深刻化していく。②の状態よりも，組織的な対応の必要性も速いスピードで高まっていく。

　このように，重大事態のマネジメントでは，「子どもの不安・心配（個人的危機）」と「組織的な柔軟な対応の必要性（組織的危機）」を「事態の急迫性」からとらえることが重要である。危機管理の視点を踏まえ，子どもの重大事態を的確にマネジメント（リスクマネジメント・クライシスマネジメント）できる存在が必要であろう。

　組織体制づくりは，これまで管理職の責務として検討されてきたことが多かったように思われる。また，学校運営の根幹にかかわる部分は管

第Ⅰ部 いじめに対する認識－理論編

理職が担うことが多かったと思う。これからは，それに加えて，子ども
の些細な態度や行動の変化に気づき，学校組織全体のマネジメントに対
応できる専門家を常駐させ，教員とチームになって子ども一人一人を支
えていくような体制が必要だろう。子どもの直近にいる教員と，出来事
を統括する管理職と，そして彼らを調整する危機管理の専門知識をもっ
た職員の有機的な連携の展開によって，さらに救われる子どもが多くい
るのではないかと考えている。

　いじめで自殺するような子どもが二度と出ないことを節に願ってやま
ない。そのために，われわれ大人が真剣にいじめ（重大事態）に向き合
うところに来ているのだ。

【参考】重大事態発生時の措置

発生の報告

（1）報告先
　　学校は，重大事態に該当すると認めたときは，その旨を
○国立大学法人の附属学校は当該国立大学法人の学長を経由して文部科学
　大臣へ
○公立学校は当該学校を設置する地方公共団体の教育委員会を経由して当
　該地方公共団体の長へ
○私立学校は当該学校の設置者を経由して当該学校を所轄する都道府県知
　事へ
○学校設置会社が設置する学校は当該学校設置会社の代表取締役又は代表
　執行役を経由して認定地方公共団体の長へ
それぞれ報告する。

（2）報告内容（例）
①学校名，②対象児童生徒の氏名，学年，性別等，③重大被害の具体的内
容，④報告の時点における対象児童生徒の状況，⑤重大事態に該当すると
判断した根拠

第2章 いじめ防止対策推進法における組織的な対応および重大事態の理解

（3）報告時期等

　報告は，重大事態が発生したと判断した後「直ちに」（基本方針）行う
ものとされている。具体的には，自殺等重大事態の場合は判断した当日又
は翌日中に，不登校重大事態の場合は，判断後7日以内に行うことが望ま
しい。学校は，重大事態と認識した場合，明示的に設置者に重大事態であ
るとの報告を行う必要がある。

　また，学校は，報告と同時に調査の準備作業（具体的には，学校が保有
しているいじめにより重大被害が生じた疑いがある児童生徒（以下「対象
児童生徒」という）に係る情報の集約及び関係者間における共有，アン
ケート調査の質問票の作成など）を開始するものとする。この点，不登校
重大事態の場合は，欠席の継続により重大事態に至ることを早期の段階で
予測できる場合も多いと思われることから，重大事態に至るよりも相当前
の段階から踏み込んだ準備作業（関係児童生徒からの聴取，アンケート調
査の実施など）を行う必要がある。

（4）教育委員への迅速な報告等

　公立学校において発生した重大事態については，各地方公共団体におけ
る教育行政の責に任ずる教育委員会として把握しておくべき事柄であるこ
とから，各教育委員に説明すべきである。そのため，公立学校から重大事
態の発生報告を受けた教育委員会は，教育委員への報告を迅速に行うとと
もに，対処方針を決定する際は教育委員会会議を招集する。

　また，首長の判断により総合教育会議が招集された場合は，当該重大事
態への対処につき首長部局との間で協議し，調整を図る。

　なお，重大事態に係る事実関係には，児童生徒の個人情報が多く含まれ
ることから，教育委員会会議や総合教育会議において重大事態を取り扱う
場合には，会議を一部非公開としたり，会議資料から個人情報を除いたり
するなどの配慮が必要である。

（文部科学省の資料より：http://www.mext.go.jp/b_menu/shingi/chousa/shotou/116/shiryo/__icsFiles/afieldfi
le/2016/03/08/1367335_2_1.pd）

【参考】自殺等重大事態の個別的要件

（1）重大被害

　重大被害とは，「生命，心理又は財産に（対する）重要な被害」を指す。

重大被害は，被害の内容から「生命被害」「身体被害」「財産被害」「精神被害」に分類できるので，以下，それぞれの具体的内容を説明する。

（2）生命被害

生命被害とは，「生命に（対する）重大な被害」すなわち，死及び自殺未遂を指す。

直接型の生命被害（いじめの実行行為そのものにより死の結果が生じた場合）の例としては，同級生を故意に殺害した場合が挙げられる。

間接型の生命被害（いじめの実行行為があった後に，その対象となった者がいじめを苦にするなどした結果として死の結果が生じた場合）の例としては，いじめを苦にして自殺した場合が挙げられる。

（3）身体被害

身体被害とは，「身体に（対する）重大な被害」を指し，具体的には，おおむね30日以上の加療を要すると見込まれる重大な傷害を目安とする。

直接型の身体被害が生じた例（いじめの実行行為そのものにより重大な傷害の結果が生じた場合）の例としては，集団暴行により大けがを負わせた場合が挙げられる。

間接型の身体被害（いじめの実行行為があった後に，その対象となった者がいじめを苦にするなどした結果として重大な傷害が生じた場合）の例としては，いじめを苦にして自殺を試みた結果，一命を取り留めたものの，意識が戻らない状態が続いたり重い後遺症が残ったりした場合が挙げられる。

（4）財産被害

財産被害とは「財産に（対する）重大な被害」，具体的には，財産に対する（金銭以外の財産である場合は金銭換算で）おおむね○○万円以上の重大な損害（継続的ないじめの実行行為により財産的損害の累計がこの水準に達した場合を含む）を目安とする。

直接型の財産被害（いじめの実行行為そのものにより財産に重大な被害が生じた場合）の例としては，継続的な恐喝により累計で100万円の損害にいたった場合が挙げられる。

間接型の財産被害（いじめの実行行為があった後に，その対象となった者がいじめを苦にするなどした結果として財産に重大な損害が生じた場合）の例としては，「しばしば仲間外れにされている者が，仲間外れにさ

れないよう機嫌をとる目的で，要求はされていないが金銭を渡した」など
が挙げられる。

（5）精神被害
　精神被害とは「精神に（対する）重大な被害」すなわち精神性疾患を指す。
　精神被害が生じた例としては，いじめを苦にした結果，精神性疾患を新た
に発症し，又は従前からの精神性疾患が一層悪化した場合が挙げられる。な
お，精神性疾患の発症や悪化は，医師の診断に基づき判断する必要がある。
（文部科学省の資料より：http://www.mext.go.jp/b_menu/shingi/chousa/shotou/116/shiryo/__icsFiles/
afieldfile/2016/03/08/1367335_2_1.pd）

【参考】重大事態－学校の設置者又はその設置する学校による対処

第28条第1項
学校の設置者又はその設置する学校は，次に掲げる場合には，その事態
（以下「重大事態」という。）に対処し，及び当該重大事態と同種の事態の
発生の防止に資するため，速やかに，当該学校の設置者又はその設置する
学校の下に組織を設け，質問票の使用その他の適切な方法により当該重大
事態に係る事実関係を明確にするための調査を行うものとする。

1号　いじめにより当該学校に在籍する児童等の生命，心身又は財産に重
大な被害が生じた疑いがあると認めるとき。
2号　いじめにより当該学校に在籍する児童等が相当の期間学校を欠席す
ることを余儀なくされている疑いがあると認めるとき。

第2項
学校の設置者又はその設置する学校は，前項の規定による調査を行ったと
きは，当該調査に係るいじめを受けた児童等及びその保護者に対し，当該
調査に係る重大事態の事実関係等その他の必要な情報を適切に提供するも
のとする。

第3項
第1項の規定により学校が調査を行う場合においては，当該学校の設置者
は，同項の規定による調査及び前項の規定による情報の提供について必要
な指導及び支援を行うものとする。

【参考】重大事態－公立の学校に係る対処

第30条第1項
地方公共団体が設置する学校は，第28条第1項各号に掲げる場合には，当該地方公共団体の教育委員会を通じて，重大事態が発生した旨を，当該地方公共団体の長に報告しなければならない。

第3章

いじめの報告書に学ぶ

　いじめの重大事案が発生し，自らの命を絶った生徒の報道がされるたびに，「なぜそんなことが起きたのか」「どうすればよかったのか」という思いを，だれもが抱く。いじめ重大事案への対策は，どのように講じていけばよいのだろう。

　本章では，不幸にして起こってしまった事案に対する，いわゆる第三者委員会の報告書に，その手がかりを求めてみたい。第三者委員会の報告書は，事実関係をつまびらかにすることとともに，再発防止にどう取り組んだらよいか提言をすることもその役割の一つとしている。

　本章で分析の対象とした報告書は，以下の三本である。いずれも公開されている。

○湯河原町いじめに関する調査委員会調査報告書　平成26年3月2日
　http://www.town.yugawara.kanagawa.jp/global-image/units/61836/1-20140
　307154207.pdf

○名古屋市立中学校生徒の転落死に係る検証委員会検証報告書　平成26年
　3月27日
　http://www.city.nagoya.jp/kyoiku/cmsfiles/contents/0000058/58391/houkokusyo.
　pdf

○矢巾町いじめ問題対策委員会調査報告書【概要版】　平成28年12月23日
　http://www.town.yahaba.iwate.jp/docs/2016122300018/files/20161223133846
　052.pdf

　なお，矢巾事案の報告書の最終段（概要版p14）に，「報告書の活用

第Ⅰ部　いじめに対する認識－理論編

について」という一節がある。本事案が起こる一年前にも同県内におい
て滝沢事案という重大事案が発生しており，その教訓を生かせなかった
こと，報告書の内容を活用できなかったことは悔やまれる。

　このことも本章を起案した一つのきっかけであることを付記し，全国
の報告書から何を読み取りそれをどう次代につなげていけばよいのかを，
この章では考えていきたい。

【参考】矢巾町報告書p14　「報告書」の活用について

　滝沢報告書は，個別事案を検証するものであるが，いじめの発生やその
対応について数多くの知見をもたらす内容を含むものであり，工夫次第で
は汎用性の高いものとなる。また，その活用は教職員に「いじめが他人事
ではない」との意識付けを促すことにも有効である。

　以上のことから，滝沢報告書に限らず，全国の検証委員会によって作成
された多くの報告書並びに本報告書が今後いじめ，いじめによる自殺事件
が発生しないように広く活用されることを求めるものである。特に，本報
告書の提言部分が各名宛人の方々に周知されるよう努力することを求め
る。

1 共通の視点
——調査報告書（検証報告書を含む）の構成

　実際に各報告書に接してみると，被害者やそのご家族の悲痛な思い，
苦衷が述べられており，読んでいて胸が詰まる思いである。また，いじ
め事案には隠蔽されている事実も多く，それを丹念に解きほぐしてまと
められた各調査委員会の方々の努力にも頭が下がる。

　複数の報告書に続けて目を通してみると，それぞれの事案が抱えてい
る個別の問題点や事実の認定が，ある程度共通した枠組みの中で一つず
つ丹念に行われていることにも気づかされる。

第3章　いじめの報告書に学ぶ

そこでまず，三つの報告書（ただし一本は概要版）に共通する構造を確認しておきたい。三つの報告書から，目次の主要な部分を抽出したのが**表3-2**，その中からさらに要素を抽出したのが**表3-1**である。それぞれの事案の特徴から表現や章・節の構成には差があるが，大きく五つの段落に分類できる。

　つまり，調査報告書は，以下の内容に応えるという点で共通性が認められる。このような視点は，各学校において重大事態の調査を行うときも，たいへん参考になるだろう。

「なぜ調査委員会が設置されたのか」（経緯）

「この重大事案では何が起きたのか」（事実認定）

「事案といじめの関係性はどうなのか」（自殺といじめの因果関係）

「事後の対応はどうだったのか」（対応についての評価・考察）

「これからどうしていくことが求められるのか」（再発防止に向けて）

　次節からは，各報告書の「提言」部分を中心に，それぞれの報告書の特徴的な記述について検討してみたい。

表3-1　三事案の要素抽出

	湯河原	名古屋	矢巾
第1段落 調査委員会の設置に関する経緯。 法的な根拠等。	1及び2	第1章	第1章
第2段落 事案の概要。 いじめの事実認定に関すること等。	3	第2章	第2章1節
第3段落 いじめと自殺との関連，経緯等。	4，5	第3・4章	第2章2節
第4段落 事後対応について等。	6	第5章	第2章3節
第5段落 提言。おわりに。	7，8	第6章，おわりに	第3章以降

第Ⅰ部 いじめに対する認識－理論編

表3-2 三事案の構成の比較

湯河原事案		名古屋事案		矢巾事案	
1	はじめに	第1章	事案発生と検証委員会の設置	第1章	矢巾町いじめ問題対策委員会について
2	調査委員会の調査について	第1	事案の概要	第2章	本委員会が認定した事実
3	「自死」と関連すると思われる事実	1	本生徒の属性	1節	いじめの認定
4	「いじめ」と自死との関連性	2	転落死の概要	2節	いじめの希死念慮および自殺との関係
4-1	「いじめ」の定義	第2	検証委員会の設置と活動	3節	当該中学校の対応
4-2	本事案で事実を「いじめ」と認めた理由	1	検証委員会の設置	第3章	提言
4-3	本事案の事実と自死との関連性	2	検証委員会の活動		※調査報告書 第Ⅲ部 提言において，委員会からそれぞれの立場の方々への提言について掲載
4-4	●君の理解	3	検証の目的と検証方法	第Ⅲ部	提言
5	中学校・教員がなぜ「いじめ」に気付くことができなかったか	第2章	認められた事実	第1章	総括
6	中学校及び教育委員会の事後対応について	第1	校区の概要	第2章	生徒の皆さんへ
7	今後の取組についての提言	第2	本生徒の状況	第3章	保護者の皆様へ
8	諮問に対する答申	第3	事案発生に至る経緯と状況	第4章	学校および教職員の方々へ
		第3章	自死に関わる要因と自死に至る経緯	第5章	教育委員会の方々へ
		第1	苦痛の蓄積と自死	第6章	マスコミ関係者及びネットに書き込みをした方々へ
		第2	直前の積極的行動の意味		おわりに
		第3	本生徒が書き遺したもの		A君へ
		第4章	要因の背景事情と問題点		
		第1	学校の状況		
		第2	本生徒の理解と対応		
		第5章	事後対応について		
		第1	取り組み		
		第2	まとめと考察		
		第6章	提言		
		第1	学校の使命と教師の覚悟		
		第2	「いじめ防止基本方針」・「学校いじめ防止対策委員会(仮称)」への要望		
		第3	いじめ防止の取り組み		
		第4	包括的心の健康教育の推進		
		第5	スクールカウンセラーの多面的な活用		
		第6	地域での学習支援		
		第7	中学校2年生の35人学級編制の早期実現		
		おわりに			

第3章 いじめの報告書に学ぶ

2　湯河原報告書の特徴
──ケースから学ぶ再発防止の観点①

（1）いじめの兆候がなぜ見逃されたのか──アンテナの欠如

　湯河原事案から学ぶのは，「5．中学校・教員がなぜ『いじめ』に気付くことができなかったのか」という節である。いじめの早期発見や対策に関して，以下のように厳しい言及がなされている（p19より一部抜粋）。

【参考】湯河原町報告書p19

> 　（一）（前略）本事案発生後に湯河原中学校が行ったアンケート調査からは，自死と関連すると思われる事実として認定できる一連の"事実"が多数明らかになっており，さらにその内容が，一年間にも及んでおり，3学年にまたがる比較的多くの部員を有する部活動内で日常的に起こっていたにも拘らず，生徒からも本事案発生前には，一度も「いじめ，あるいはいじめではないかと思われる，嫌がらせ行為」という通報や指摘がなかった。
>
> 　このように，湯河原中学校では，教員も生徒も，A君に対して起こっていた一連の"事実"を誰も気に留めず，結果的に見過ごされてしまった。
>
> 　（二）　なぜ，教員も生徒も気付けなかったか，あるいは指摘できなかったかの原因として考えられることは，何よりもまず，「いじめ」とは何か，どのような「いじめ」があり得るのかということについての，湯河原中学校としての明確な共通認識がなく，理解不足に陥ってしまっていたことが挙げられる。
>
> 　「いじめ」がどのような場面や場所で起こりやすいのか，どのような行為が「いじめ」に繋がりやすいのかなど，いじめに対する学校としての

明確な意識や共通認識があって，予防や早期発見に正面から取り組む姿勢があれば，放課後を中心に活動する部活動に対しても周到な注意が払われていたはずである。

「いじめ」がどのような現場で起こり得るのかという視点に対して，極めて不十分な部分があったことを指摘せざるを得ない。

また，この程度は，悪ふざけやじゃれあいで問題がないという認識や，本人が笑っており，「大丈夫」と言っていれば，いじめではないという認識が蔓延していれば，どれだけ立派なアンケートをしても，いじめの発見は難しい。

学校全体で，「いじめ」に対する明確な共通認識を保持するためには，教員研修の充実は勿論のこと，生徒へのいじめ予防の授業の取り組み等が重要である。さらに，これまでの部活動指導のあり方に大きな問題があったことを反省して，長期的な視点に立った研修や部活動指導のあり方について，中学校を挙げて根本的に見直すべきである。

（2）意味のあるアンケートとは

アンケートの処理に関しては，さらに次のような指摘がある（p21）。本事案ではいじめ防止に関するアンケートが定期的に行われていたにもかかわらず，それが機能しなかった。アンケートの実施や事後の保存方法を含め，その取扱い方こそが学校の姿勢を示しているとする指摘は重い。仮に生徒がアンケートに素直に記述しない場合が相当程度あると見込んでいたならば，むしろ「無徴から有徴を読み取る」で，アンケートでは顕在化していない問題があると考え，踏み込んだ対応を行うことが求められたであろう。

学校はアンケートを取ることで，それで一つの任を果たしたという感じがあるかもしれないが，大切なのは，そのアンケートから何を読み取るかである。アンケートの内容や実施方法，事後の処理については定式化されたものがなく，各校独自の判断に任されているのが実状であるが，

どのように取り組むべきかを各学校において真剣に考えるべきであることを，この報告書では強く訴えている。

【参考】湯河原町報告書p21

（六）　諮らずも，今回定期的に実施されていたアンケートがわずか1年間足らずで破棄されていたことも明らかになったが，このことは，数的処理のみが優先されて記述内容のチェックが軽視されたのか，あるいはアンケートの記述されていた内容が極めて軽微なものであると断定されたのか，いずれにしろ，今後に全く影響がないと判断されて重要な記録であるアンケートが破棄されてしまったということであり，あまりにずさんな状況であると言わざるを得ない。

　これらのアンケートの取り扱いと文書保存の問題は，中学校が実施する事実調査のあり方の問題であり，「いじめ」に対する中学校全体の姿勢や取組みの問題でもある。

　定期的に実施するアンケートは，そのねらい・目的と実施後のアンケート内容の検証方法を予め定型化しておくことが求められる。

　また，事案発生時などの臨時的に実施するアンケートにおいては，何のために，またどのように実施するのか，また収集されたデータをどのように検証するかなどが十分に考えられて行われる必要があろう。

　「いじめ」を許さない，「いじめ」につながりかねない種々の行為を丁寧に発見して指導するという，中学校としての主体的な取り組みに沿ってアンケートが実施されなければならないことを，湯河原中学校はしっかりと再考していただきたい。

第Ⅰ部 いじめに対する認識－理論編

3 名古屋報告書の特徴
──ケースから学ぶ再発防止の観点②

（1）調査・検証委員会の果たす役割

　名古屋の事案における報告書の特徴として，まず挙げておきたいのは，検証委員会内部の動き，対応などについて記されていることである。平成30（2018）年現在，全国各地に調査・検証委員会が設置されているが，いわゆる第三者委員会にかかわる人たちにとっても参照すべき記述が多いと思われる。

　動向の概略は第５章の最終節（p47）にまとめられている。

【参考】名古屋報告書p47　検証委員会の対応について

　検証委は，転落死に係る検証及び再発防止策の検討を行い，市長に報告することを任として，市教委から事案発生以来の経緯について説明を受けることから始まった。

　第１回から５回まで，週１回のペースで開催され，事案の概要把握や提供資料の整理と読み込みを踏まえた各委員の示した見解を話し合ったり，基本方針，調査・検証の進め方等について検討した。

　第５回検証委では，事前資料の読み込みに目途が立ったこの時期，検証委独自の調査・聴き取りをどう進めるかについて委員提案があった。論議の中心は，検証委の公正・中立・独立性の担保であった。議論の末，原則，庶務を担当する市教委総務部総務課のみの同席で以後の検証委を進めるとした。

　第６回検証委では，全生徒・教師に対するアンケート調査について検討し実施手順等を決め，学校教育部とアンケート調査の内容，依頼文の内容，配布・回収の手続き等を調整し実施した。

第3章 いじめの報告書に学ぶ

63

第7回検証委では，教師・生徒の聴き取り方法を検討するに当たり，学校の状況確認が必要であるため，学校教育部長及び指導室長の同席を要請し検討した。

　翌日から始まった聴き取りに関しては，市教委の支援と学校の協力で順調に進めることが出来た。

　聴き取りの中味を深めるのに大きく寄与したのは，専門調査員が行った資料の整理やアンケート結果の集計と分析，聴き取り内容を，検証委員全員が即日共有できる対応であった。

　他に，検証委員長は，こうした検証委の検討状況を折々に遺族へ報告するとともに遺族の意向を伺いながら委員会の進行に当たった。

　苦慮したことは，発言者の匿名性を担保しつつ聴き取った内容が包含する問題点の解決であった。聴き取りの要件として，発言者の匿名性を保証することは当然であるが，聴いた内容によっては緊急対応が求められるという，二律背反する問題が生じた時に委員間で協議した。個人への緊急な支援が必要と判断した内容については，適宜対応した。

　報告書を待たずに学校が対応すべき課題については，区切りがついたところで，それら課題をまとめて市教委に提議することとした。検証活動を通して，学校・教師の当事者意識を強化するような働きかけが必要であった。同じことが，市教委との関わりの持ち方についてもいえる。途中から，検証委が自らの第三者性に重心を移したことで，市教委との間に隔意を生じた。検証委の独立性・中立性・主体性を担保しつつも，学校の教育活動向上を図るという観点から，市教委との関わりの持ち方について齟齬をきたすことのないよう丁寧な説明が必要であったと考える。

（2）安直な取組みにしないために

　名古屋市は，「子どもの権利条約」を下敷きにしながら「名古屋市いじめ防止基本方針」を独自に制定している。本事案が発生した直後にも養護教諭を追加配置したり，ビデオカメラを設置したりするなど当該校への援助を行っている。行政としていじめに対して積極的にかかわろう

とする姿勢を示しているといってよい。そうした姿勢や取組みにもかかわらず重大事案が発生してしまったことから，名古屋市の提言には，より「突っ込んだ」内容が盛り込まれた。

　報告書が指摘しているように，いじめ対策の取組みが充実しているように思われても，ともするとある種のイベント的にアンケートを行ったりいじめ防止の研修会を開いたりしてしまうことは，実際にあることだろうと考えられる。取組みが形骸化してしまえば，それは，単なる「いじめ防止の取組みをしています」という言い訳になってしまう。対策をしているつもりが，そこに迫っている子どもたちの危機から目を背けることになっていないか，われわれは常に考えなければならない。

（3）自分の問題として向き合うために

　いじめに対して「生徒から」の発信が重要だとしている点（p50）は，本報告書の大きな特徴として挙げられる。また，いじめに対して生徒からの発信が重要だとしたうえで，いじめ防止への主体的なかかわりを教師と生徒双方に求めている（pp. 51-52）。

　いじめの責任を大人の側の対応の不十分さに預けることに終始するのではなく，子どもたちを積極的にいじめ防止の活動に向かわせ，自己有用感とともに主体的にいじめ防止に取り組もうとする心情を培うことの重要性を強く訴えている。

【参考】名古屋報告書p50　本事案について生徒とともに考え・学ぶこと

　　生徒の主体的な参加なくして，いじめ防止はあり得ない。
　　本校の生徒は，本事案で，身近な友人のいじめによる自死を体験したのである。本事案から離れての「生や死の意味」「かけがえない命の尊さ」「いじめは許されない」などの一般的・理念的な「いじめ防止教育」や，他の「いじめ被害」の例を挙げての「いじめ防止教育」をするだけにとどまるなら，生徒は，教師・学校への不信感を募らせるだろう。

一人ひとりの生徒が，本事案に向き合い，あの時，「本生徒は，何を思い，何を感じていたか」，あの時，「自分は，何を思い，何を感じていたのか」について語り合い，その中から，「何か分かり，これから，何かできるか」について話し合うことが何よりも必要である。教師と生徒が，本事案に向き合い，「いじめ防止」について，ともに，考え，決定し，共に行動し，共に責任を負うという関係が作られていくことを切に望むものである。

　そのような取り組み過程の中で，生徒は，自己有用感を高め，問題解決能力を身につけていくことにもなる。

　（3）「本校いじめ防止基本方針」策定への生徒参加

　「本校いじめ防止基本方針」の策定にあたって，本校生徒の参加が是非とも望まれる。なお，保護者，地域住民の意見を聴取することが必要であることは当然である。

【参考】名古屋報告書pp. 51-52　いじめ防止の取り組み

　しかし，大事なのは，本事案から目を背けるのではなく，本事案に向きあい，自分自身のこととして，「いじめ」を考え，自分自身のこととして「いじめ防止」を考えることである。

　その上で，視野を広くして，名古屋市さらに全国での生徒主体の「いじめ防止」の取り組みを見ると，実に様々な取り組みがある。

　中学生が，自分たちで，「アンケート」内容を考えて実施したり，「いじめ防止憲法」を作ったり，いじめ体験者や「いじめ」によって自死した生徒の遺族から話を聴くことを企画したり，「いじめ」をテーマにした劇をするなど素晴らしい取り組みが多くある。

　その他，他団体が実施する「いじめ防止」活動のメニューを活用する取り組みもある。研究と実践を重ねて作られた「いじめ防止プログラム」（生徒参加型の講演会やワークショップなど）を導入している自治体・学校はかなりある。愛知県弁護士会も，平成26年度から，学校への「いじめ出張授業」の活動を本格実施する。

第Ⅰ部 いじめに対する認識−理論編

　ただ，「プログラム」を外部委託し，講演会やワークショップを外部団体に丸投げし，「いじめ出張授業」をただ受けるなどで，「いじめ予防教育」ができたとする安易な対応になってはいけない。

　教師と生徒が，子どもの人権の視点から，自分の学校の実情と課題を意識したうえで，各メニューを選択して導入し，そこで得られたことを学校でどう生かしていくのかということを考えて行動していくという主体的な取り組みが必要である。それがなければ，「いじめ防止」の単なる「行事」になってしまうからである。

　学校が生徒の主体的参加を重視しようという姿勢を持つなら，「いじめ防止」の取り組みは既に様々なものがあり，生徒と一緒になって，新たな取り組みを創造していくことも出来るだろう。

　本校においても，本事案を契機に，教師が学び，生徒が学び，教師と生徒が共に「いじめ」を考え，生徒の主体的参加を重視した「いじめ防止」の活動の取り組みがなされることを心から期待するものである。

4 矢巾報告書の特徴 ——ケースから学ぶ再発防止の観点③

（1）多岐にわたる改善点

　本事案に関しては，担任との連絡ノートの存在などがマスコミでも多く取り上げられ，印象に残っている読者も多いのではないかと思われる。報告書（概要版）では，多方面からの改善点の存在を，第Ⅲ部提言の第1章総括の項（p4）で指摘している。

67

【参考】矢巾報告書p4　総括

　　岩手県紫波郡矢巾町の中学2年生の男子生徒が自殺したという本事案
について，本委員会は，事実の認定およびそこへ至る経緯についての検
証を行ってきた。これらの多くの情報から得られた今後に向けた反省
点，改善点は，きわめて多岐にわたるため，すべてを網羅し，改善する
ことは難しいのかもしれない。
　　しかし，本事案を総括して，今後，子どもの自殺という痛ましい事件
を再び起こさないようにするための教訓は，大きく，以下の2点に集約
されると考えられる。
　　①思春期の子どもは精神的に不安定であるという現実に対して，子ど
　　　も自身も含め，子どもに関わる関係者全員が感度を高めること
　　②子どもは発達途上であり，大人の助けを必要としているため，関わ
　　　る大人たちが相互に協力するという体制が極めて重要であること
　　以下の章では，この2点を踏まえて，本報告書を読むであろう，それ
ぞれの立場の方々に提言を行いたい。

（2）信頼回復への厳しい道のり──生徒の立場から

　本事案はマスコミにも大きく取り上げられたことから，事案発生後の
当該中学校生徒や関係者家族，地域住民など周囲にも多大な影響があっ
た。報道陣が関係者を追いかけ回し，ネットで騒がれ，中傷や流言が飛
び交い多くの人たちが傷ついた。とくに在校生にとっての心身の痛みは
計り知れないものがあると考えられる。
　「生徒の皆さんへ」というメッセージをまず掲げていることは，本報
告書の大きな特徴である（pp.5-6）。宇多田ヒカルや中島みゆきという
親しみやすい人物の詞を例示しながら，「援助を求めてください」と，
語りかけるように子どもたちに訴えている。
　一方で，このような援助要請の誘いは，大人と子どもの信頼関係の希
薄さを，ある種露呈していると言える。信頼関係が築けているならば，

第Ⅰ部　いじめに対する認識－理論編

自分一人で悩みを抱え込んでしまいがちな思春期の子どもたちも安心して援助を求めることができる。それができていないがゆえに，援助を求められない子どもたちへの，大人からの必死のメッセージなのである。

【参考】矢巾報告書pp. 5-6　生徒の皆さんへ

　本事案の発生を受けて，同じ学校，同じ学年，同じクラスで時間を過ごした皆さんは，はかり知れない衝撃と大きな悲しみを受けたのではないかと思います。また，本事案後の大人たちや社会の反応に対して，さまざまな思いを持ったのではないでしょうか。ある人にとっては，家族や先生が支えになり，大人は信頼できる人たちであると感じたかもしれません。その一方で，別のある人にとっては，不安な自分を支えてくれない，むしろ，自分を急き立て，責めるような大人たち・社会だと感じたかもしれません。

　皆さんの中学生の年代は，思春期といって，「子どもと大人の境目」の時期で，学業や部活動などこなさなければならないことがとても多く，誰でも，気持ちや身体が不安定になります。時には，「誰かにいじわるしてやりたい」というイライラした気持ちになったり，「いじめなどがあって，死んでしまったほうが良い」と考えることさえあって，それは特別なことや異常なことではありません。

　しかし，人の考えや感情は，時間の経過とともに変化をします。例を挙げると，宇多田ヒカルさんの「道」という歌には「悲しい歌もいつか懐かしい歌になる」という歌詞があります。また中島みゆきさんの「時代」という歌には「そんな時代もあったねといつか話せる日が来るわ」という歌詞があります。これらの歌詞は，その瞬間の辛さやしんどさが無かったことになるわけではないけれど，生き延びていれば，そのことへの気持ちや考え方が変わりうることを表しています。

　皆さんは，思春期というとても不安定な時期にいます。この時期に一番大切なのは，生き延びる，ということではないかと思います。

　気持ちも身体も大人になり始めている皆さんは，自分一人で解決する

第3章　いじめの報告書に学ぶ

69

ことの大切さを理解し始めていると思います。皆さんが向き合う課題の中には，一人で向き合い，解決すべきものもあるのかもしれません。しかし，一人の人間が生き延びる，ということに関しては，「自分一人で解決する力」よりも，「他者に援助を求める力」の方がより重要です。ある精神科のお医者さんは，「世の中のすべての大人が信頼できるとは思いませんが，３人に１人は『信頼できる大人』がいると思います。最初に相談した大人が『信頼できる大人』ではなかったとしても，あきらめずに，少なくとも３人の大人には相談してみて欲しい」と言っています。大人に援助を求めることは，決して「弱い」とか「かっこ悪い」ことではなく，「援助を利用できる」という人間の強さです。

　思春期には，いろいろなことが起こるので，時には，皆さんが生き延びるのがしんどいという気持ちになる場合もあるかもしれません。そんなときには，「自分の話を聞いて欲しい」と，是非，周囲の大人に援助を求めてください。これが，私たち委員から生徒の皆さんに最も申し上げたいことです。

（３）いじめ防止対策推進法に照らして——教職員の立場から

　学校側に対しては，その責任を厳しく指摘している（p8）。とくに，いじめ防止対策法が施行されてから数年が経つというのに，本格的に対策委員会を開くという対応を学校側が行ったのが重大事案発生後であるという事実について，厳しく指弾している。

　本事案が発生したのが平成27年７月で，本報告書が作成されたのが平成28年12月23日である。本書で取り上げた３つの事案においては，最も長く報告書作成に時間をかけ，じつに調査に１年２か月を要したことも，学校組織として適切な防止策が講じられておらず，情報収集やすべての対応が後手に回った結果だと言えるだろう。

第Ⅰ部 いじめに対する認識−理論編

【参考】矢巾報告書p8　学校および教職員の方々へ

1　推進法──学校基本方針の遵守と対策委員会の責任の明確化

　学校には推進法を正しい意味で遵守することが求められる。確かに当該中学校は法の定める学校基本方針を策定し、「学校におけるいじめの防止等の対策のための組織」である対策委員会を設置している。しかし、本事案発生前、対策委員会は、年度初めに学校基本方針を職員会議で確認することが主たる役割であり、常設委員会としての内実を伴うものではなかった。また、学校基本方針にしても、上述のように内容の確認が年度初めになされるものの、その内容が全教職員に周知徹底・共有されているものでは決してなかった。一例を挙げるならば、学校基本方針には「日常の観察については、いじめ行為の発見だけでなく、生徒の表情や行動の変化にも配慮する。（担任は日記や生活ノート等も活用する）」と記載されているにも関わらず生活記録ノートに記載された情報が組織的ないじめ防止に用いられることはなかった。のみならず、教職員への聴き取りにおいて、本事案の発生前は、生活記録ノートの使用の有無が担任の裁量に委ねられており、生活記録ノート使用の意義を理解しないで有効活用しなかった教員もいたようである。また、上述したように学校基本方針に定められた研修等の日常的活動もその目的に沿ったものとして実施されてこなかった。

　改めて確認するまでもなく、推進法は、一義的にはいじめの防止対策のための法律であり、重大事案における教職員・学校の活動を定めることにのみ本旨があるわけではない。その意味で、当該中学校において対策委員会の本格的活動が、所属する生徒の自殺という重大事案でもって初めて開始されたというのは、おおよそ法の趣旨を理解していない本末転倒なものであると判断せざるを得ない。推進法及びそれを承けて定められた文部科学省の「いじめ防止基本方針」を参酌し、自ら定めたはずの学校基本方針をその趣旨を理解したうえで誠実に履行することを何よりも求めたい。

　この調査報告書が提出されたのち、岩手県教育委員会は本事案の関係

者に対する処分を発表した（平成29（2017）年3月29日付　岩手日報紙より抜粋）。とくに管理職2名（前職と現職の校長）に対しては，管理責任に関して厳しい指摘がなされた。いじめ問題は，体制整備を含め，学校として取り組むべき課題であることを改めて突き付けている。

【参考】岩手日報　2017年3月29日

> 　県教委は校長2人について，学校が定めたいじめ防止基本方針の教職員間での周知やいじめ防止対策委員会の運営などを怠り，学校組織として対応していなかった点を問題視。
> 　担任教諭は生徒が発していた「自殺のサイン」を認識できず保護者への連絡を怠ったことや，いじめ対応に関して学級全体への指導が不足していた。上司らと情報共有しなかった点については，管理職による体制整備が不十分で組織としての受け皿がなかったことが問題とした。
> 　県教委は，学校全体でいじめに対する体制の整備に向け，管理職の意識醸成を重視。新年度に開く校長研修でいじめ防止の取り組みの実効性を高めるほか，いじめの認知や情報共有，組織対応の研修を継続する。

5 　まとめ

　以上，三事案の報告書を仔細に読むと，事件の背景やそうした状況を生んでしまう問題点が詳細に見えてくる。しかし，それすらも，あくまでも事案の一部に過ぎないことをわれわれは銘記すべきであろう。生徒がなぜ自死を選ばなければならなかったのか，希死念慮を取り払うことがなぜできなかったのか。それを食い止めることができなかったことを深く心に刻みながら，それでも次の被害者を生まないためにわれわれは何ができるのか，何をしなければならないのかを考えていきたい。

Column 2

いじめの波

「いじめの定義の変容過程」に関して，森田（2010）は「波」という表現を用いて，三つの区分から説明しています。

「第一の波」は，1980年代半ばに相当し，暴力行為とは異なる枠組みとしていじめの概念が形成された時期です。しかし，人権という観点を含めた総合的なとらえ方に不十分さがありました。

「第二の波」は1994年に発生した愛知県の中学2年生の自殺をきっかけとして，いじめは「どの学校でも起こりうる現象」という認識が示され，いじめの遍在性を周知させました。そしてまた，1995年からスクールカウンセラーの配置が始まり，心理面での体制整備が始まった時期です。

「第三の波」は，2005年に北海道の小学6年生の自殺，2006年に福岡県の中学2年生の自殺と相次いで発生しました。発生状況や対応時の様態について，20年前と変わっていないことが明らかになりました。教育再生会議（2007）から，加害生徒の責任の視点が弱かったとして「出席停止措置」の活用や，「傍観者も加害者となり得る」との提言がなされました。

このように「三つの波」は，いじめに対する意識や対応の不備が「いじめ自殺」として顕在化したときに，その不備を整えてきた作業であったと言えます。いじめ自殺が発生するたびに，「二度と同じようなことを起こしてならない」と国や地方公共団体は発信してきましたが，いじめによる自殺はなくなっていません。森田氏の三つの波というのは，換言すれば，いじめに対して本気で考えた時期とも言えるのではないでしょうか。

また，橋本（2015）は，森田の三つの波に加えて，2011年に発生した大津市の中学2年生の自殺を含めて「いじめの四つの波」と指摘しています。確かに「いじめ防止対策推進法」の制定やいじめの定義変更の契機となった事件ではあるが，波としてとらえることが適切かどうかは議論の余地があると考えます。いじめ研究において，2011年の大津市の事件はターニングポイントと言えるからこそ，これまでのいじめの区分も含めて，改めて再考するチャンスとも言えるのではないでしょうか。

　いじめに対する考え方，いじめ防止策などの検討は，いつの時代においても重要なテーマであり，「二度と同じようなことを起こさない」ためにも，学校関係者だけでなく社会全体の問題として，本気で考える不断の努力が重要であると考えます。

第 II 部

いじめへの対応
——実践編

第4章

いじめの実態

　「いじめ防止対策推進法」が平成25年（2013年）に公布されてから，教育委員会などの行政機関及び学校現場においてさまざまな施策や取組みがなされている。それでも，学校におけるいじめが原因と推定される自殺などの悲惨事案は後を絶たない。事態の改善のために，いじめの発生メカニズムやその対応について，よりいっそうの努力が待たれている。

　いじめの実態に関しては，毎年，文部科学省が全国の各学校に対する調査を行い，教師などからの報告を集約している。しかし，これは実際に私たちが教育現場で見聞きしているいじめとは，必ずしも様相が一致しない。

　そこで筆者は，いじめを一番身近に見聞きしているはずの生徒の視点から学校現場の状況を把握することで，より臨床的にいじめの実態を浮き彫りにしたいと考えた。

　調査は，平成27年（2015年）6月に質問紙により行った。調査対象は，大学2年生を中心とした大学生及び大学院生である。「あなたが直接・間接に経験したいじめについて答えられる範囲でお答えください」という質問で，いじめを直接・間接経験した学年，いじめの対象となった児童生徒の性別，いじめの具体例，学校の対応などについて尋ねた（最後の2項目は自由記述）。

　調査において回収されたデータのうち，有効であった210事例を分析対象とした。収集したデータに関しては，テキストデータ化，数値化を行い，個人が特定されないように配慮すること，協力できない場合は回答しなくても構わないことを告知し，了解を得られたデータのみ使用し

た。

　経験したいじめの事例についての記述から，総抽出語20,458語，830文を分析対象として抽出し，Excel，KH Coderを用いて統計的に分析を行った。

　本章では，この調査から浮かび上がったいじめの実態を報告するとともに，いじめのメカニズムを考える手がかりとしたい。

［1］ 調査から浮かび上がったいじめの実態

（1）いじめの被害者

　本調査で分析対象とした210事例の記述者は，男子104名，女子106名であった。また，いじめの具体例に記述されていたのは，不明2名を除き，男子85名，女子123名である。

　いじめの対象となっていたのは，有意に女子が多かった（両側検定p≒.0101（*p＜.05））（図4-1）。これは，次に述べる「関係性攻撃」（コラム3，p86参照）が，女子グループの中で起きやすいこととも関係しているだろう。

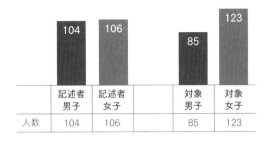

図4-1　いじめ事例の記述者と対象者

(2) いじめの種類——関係性攻撃

　報告された事例を，いじめの種類によって分類し，実態を分析してみたい。カテゴリーごとの定義，出現数をまとめたのが，それぞれ**表4-1**，**図4-2**である。

　これによると，最も多かったいじめは，無視，仲間外れなど，子ども同士の人間関係を攻撃するものであった。また，「××菌」と呼んで特定の子やその子の持ち物に触らないなどのいじめも根強くあった。

表4-1 事例分析の定義

事例分析に用いた分類カテゴリー	定　義
1　言語的いじめ	暴言，からかい，手紙，陰口，あだ名，落書き
2　社会ネットワーク的いじめ	仲間外れ，無視，××菌，触らない，ネットいじめ
3　身体的いじめ	暴力，ものをぶつけられる
4　強要的いじめ	金品の要求，連れ出し，閉じ込め，物を隠す・壊す
5　性的いじめ	ズボンやスカートを脱がす・おろす，恥ずかしいこと

※文部科学省による問題行動等の調査ではいじめの態様は9つに分類されているが，本調査で収集した自由記述データでは，その分類がなじまなかったので表4-1のように定義し，5つのカテゴリーを設定して分析した。

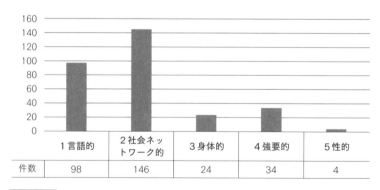

図4-2 カテゴリーごとの出現数

第Ⅱ部｜いじめへの対応−実践編

　暴力などで本人に直接的な被害を与えるのではなく，仲間との関係性
を攻撃して心理的にダメージを与えることを，「関係性攻撃によるいじ
め」という（コラム3，p86参照）。これには，言語的いじめと社会ネ
ットワーク的いじめの複合的な方法が取られることが多い。また，この
タイプのいじめが，いわゆる「いじり」という言い方で，いじめている
子によってごまかされている様子も調査では報告されている。

　関係性を攻撃する社会ネットワーク的いじめが，実際のいじめ事案に
おいて頻発している。こうした傾向は，後出の「**図4-3　名詞・形容
詞・動詞のネットワーク**」や「**表4-3　無視のコンコーダンス**」におい
て見られたような「菌−触る」や「無視−女子」という語のネットワー
ク，「無視」の語の発生状況からも見て取れる。

（3）いじめ事例で使用された言語分析

　いじめ事例に共通する要素やキーワードを見つけるために，アンケー
トに書かれたいじめ事例の記述を言語分析にかけた。その結果，出現頻
度の多かった言葉上位10項目が下記のようである（**表4-2**）。

表4-2　語の出現頻度（名詞，形容詞，形容動詞の上位10項目）

名詞		サ変名詞		形容動詞		形容詞		名詞C	
クラス	148	無視	72	好き	14	汚い	23	子	199
女子	79	一緒	23	変	12	多い	23	人	78
グループ	78	登校	19	普通	9	良い	19	机	25
男子	54	暴言	19	不潔	8	悪い	16	仲	23
先生	51	授業	17	急	4	強い	11	年	18
学校	44	行動	15	あからさま	3	明るい	7	菌	17
悪口	40	卒業	15	かわいそう	3	面白い	6	他	17
自分	32	話	14	活発	3	暗い	5	気	15
女の子	29	エスカレート	13	苦手	3	臭い	5	陰	9
周り	27	給食	12	嫌い	3	怖い	5	水	7

※出現した名詞，形容動詞，形容詞のうち，出現頻度の多かった方から上位10項目を抽出した。
※分類・表記はKH Coderの仕様に基づいている。

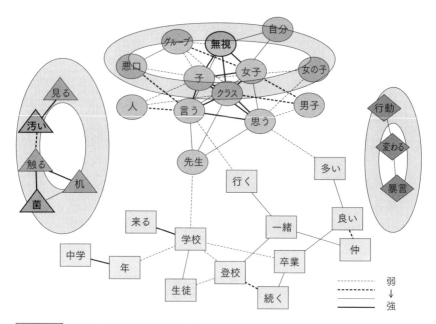

図4-3 名詞・形容詞・動詞のネットワーク
注：線の太さはネットワークの強弱を表す

　名詞の出現頻度から見ると，「クラス」という語の記述が圧倒的に多い。学級の中で行われているいじめについての事例が多いことがわかる。
　また，「女子＞男子」「女の子＞男の子」ということも確認でき，生徒たちが見聞きしたいじめの事例は，男子よりも女子が多くかかわっていると考えられる。
　サ変名詞では，「無視」「暴言」といった単語の出現が目につく。とくに出現数が1番目に多かった「無視」は72回出現しており，2番目に多かった「一緒」の23回と比べると突出して多いことから，いじめと深く関連していることがわかる。
　形容詞，形容動詞，一文字の名詞からは，「不潔」「汚い」「臭い」「菌」といった単語が目につく。

第Ⅱ部　いじめへの対応－実践編

　さらに，出現した語と語のネットワークを作成することで，実際のいじめ事例がどのような語や概念の連接で行われていくのかを確認した（**図4-3**）。ここでは，煩雑にならないように，名詞，形容詞，動詞のみを抽出してネットワークを分析してみる。

　図4-3において，とくに注目したい点を3点挙げてみる。

①左側に「机－菌－触る－汚い」というネットワークがある。これは，「○○菌」といって，一人の子どもに対してその子の机を触る行為から，からかい，さらにいじめに移行するときの児童生徒の振る舞いから想定できる言葉のネットワークだと推定できる。

②右側のネットワークには，暴言から行動へといじめが変わっていく様子が見受けられる。

③上部にあるネットワークでは，「クラス」の「女子」による特定の「子」への「無視」が行われ，「グループ」で「悪口」を言っている様子がうかがわれる。

（4）コンコーダンスによるいじめのメカニズム

　語のネットワークと同様に，単語がテキストのどのような文脈で出現するのかということについて，サ変名詞の中で最も出現度が高かった「無視」について10回分を調べてみた（**表4-3**，p82）。

　これによると，クラスの中で周囲と比べて「目立った子」「浮いた子」「孤立した子」「転校生」が，それ以外の集団から無視されていじめが展開していくという，いじめの発生メカニズムの一端が垣間見られる。

　「無視」がいじめの端緒となり，それが次第に「個人の物に対する忌避，触らない」「あだ名」「暴言」「○○菌」といったいじめの形へと変貌をとげ，次第にエスカレートしていくのである。

　このとき，学級担任をはじめとする教師は，実際にどの段階で気づくことが多いのか。本調査の記述者たちは，いじめ（無視）が起こり始めたころはもちろん，ある程度いじめが進行した段階（持ち物を隠す，仲

表4-3	「無視」のコンコーダンス

※コンコーダンス（concordance）：テキストの文脈の中でその語が含まれる位置

Left	Center	Right
たので，Sくんのある癖が原因だったのかもしれない。Sくんは	無視	されることはなかったが，Sくんのお盆の上に自分のお盆を重ねる
いじめの対象になりやすい子だったのかもしれない。仲間外れにされて，	無視	されていた。また，その人に変なあだ名をつけて，おちょくって
は少し違った，目立った行動をしていたために，クラスの子が	無視	し始めた。そこからだんだん周りに広がって，クラス全員がその子のことを
し始めた。そこからだんだん周りに広がって，クラス全員がその子のことを	無視	した。無視からエスカレートしていき，暴言などに変わっていった。私は
そこからだんだん周りに広がって，クラス全員がその子のことを無視した。	無視	からエスカレートしていき，暴言などに変わっていった。私は同じクラスでは
られて周りから冷たい目で見られるようになった。一人の女の子に対して，	無視	したり，その子の持ち物に触らない，その子の身体的特徴を陰で
でもったり，隣の席になったら離していた。「〇〇菌」と	無視	していた。転校生で小３から新たに編入したため，クラスで浮く
クラスが避けるようになり，ついにはAさんと一番仲の良かった子までが	無視	し始めて，Aさんは孤立していた。物を隠すとか，いたずらを
保健室登校をして何とか学校には来ていた。卒業するまで，	無視	仲間外れは続いていたが，Aさんは学校を休むことはなかった。いじめ
，待ち合わせの場所にはいかない。放課後決められた場所で毎日いじめの会議。	無視	，悪口，それを半月ほど続けて言った結果その子は，学校に来なく

間外れなど）でも「先生は気づかなかった」と報告している。

　集団でいじめが行われている場合，子どもたちは巧妙にそのことを隠すので，学級担任はそのことに気づきにくく，本人からの申し出や顕現化することがない限りは対応が困難であることがわかる。担任が「いじめに気づいた段階」では，すでにいじめがかなり深刻な段階である可能性が高いと言える。

　したがって，教師による指導として児童生徒間の関係性改善のための介入を効果的に行うには，いじめがエスカレートして教師の目にも顕現

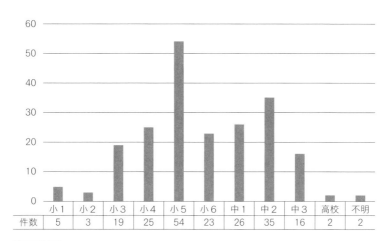

図4-4 著者らの調査におけるいじめの認知件数

化する以前の段階で，いかに対処できるかという点が重要になってくる。それには日常的に児童・生徒の行動や態度，表情などに注意して情報を収集していくことが求められる。具体的な方法については，第6章を参照されたい。

（5）いじめの発生時期

　何年生でいじめが多く発生しているのか（学年別件数）について，平成26年10月に発表された「平成25年度『児童生徒の問題行動等生徒指導上の諸問題に関する調査』について」によると，いじめの認知（発生）件数は，小学校では3年生，中学校では1年生が最も多かった。一方，本調査では，小学校5年生が最も多く，中学校では2年生が多かった（図4-4）。

　文部科学省の調査と，直接自分たちが経験したり印象に残ったりしているいじめについて報告を求めた本調査を単純に比較することはできないが，本調査で認知件数の多かった小5と中2の時期は，生徒指導や学級経営においても困難を感じる学級担任が多い学年でもあり，いじめの

発生や防止を考えるうえで課題となる学年であると考えることができる。

　小学校では，高学年となる5年生への進級時にクラス替えが行われることが多い。新しく同じクラスの一員となり，新しい学級集団やグループが形成されるこうした機会をとらえて，いじめのターゲットにしようとしていじめのマーカーが付与されていくと考えられる。とくに女子児童の指導については，高学年になるとむずかしいことがあるという教師が多く，いじめの問題以外でもこの時期の学級経営には困難な点が多いことが推定される。

　同様に中学校においても，2年生の指導には配慮が必要だと考える教師が多い。入学期の1年生と，受験など進路に関する問題を抱える3年生に比較して，2年生は指導がむずかしいという声を聞く。

　各教科や道徳などの学習時間を含め，学校生活全体を通して指導することが求められると同時に，中学校では教科担任制という特性を活用し，小学校でも教員が集団として生徒に対する情報を幅広く収集しながら早期に対応することがいじめ防止には不可欠である。

（6）まとめ：いじめの発生メカニズム

　いじめの発生メカニズムについて，以上の分析をもとにしながら整理してみる。

①個人に対して行われる集団でのいじめのきっかけとなっているのは，無視という行為である。テキストの中における「無視」のコンコーダンスからは，いじめが，無視という関係性・コミュニケーションの切断という行為から始まり，直接的な攻撃的な行為に向かっていくことが示されている。

②記述されたテキストの語の出現数やネットワーク，コンコーダンスの分析によると，いじめの兆候は，特定の子に対していじめのマーカー（標識）を付与することから始まっている。

「目立ったり，浮いたりしている」というように，一人だけみんなと違うという論理を後ろ盾として，ときには「教えてあげているんだ」というように，あたかも正義であるかのようないじめが起こることもある。

③無視が次第に拡散していき，それまでの個人と個人との関係性から，周囲に同調行動が求められるようになると，仲の良かった子までが集団の一員としての関係性に絡めとられていじめがエスカレートしていく。

このように，いじめは個人に対する「無視」という関係性攻撃から始まり，それが次第に「持ち物に触らない」「物を隠す」「暴言」というように，直接的な行動にエスカレートしていく。やがて，個人は傷つき，保健室登校や学校を欠席しがちになっていくことになる，といういじめのメカニズムが調査からも見て取れる。

Column 3

関係性攻撃によるいじめ

　教師たちから教室内のいじめについて話を聞いてみると，興味深いことがわかります。「仲の良いグループだなと思っていたら，その内部でいじめが起こっていた」というような話です。とくに女子のグループにこうした事例が多く見られるというのです。

　社会心理学に「社会的アイデンティティ理論」というものがあります。自分がどんな社会的な集団に属しているのかを認識すること，特定の集団の一員であるとみなすことで「内集団びいき──外集団差別」が起こる心的過程をとらえた理論です。

　内集団びいきが起こると，その集団は結束するようになり，凝集性は強くなります。「自分たちのグループは仲良しで良い人で，周囲の人々はちょっと」というように価値づけができます。こうして排他的な集団が出来上がるのです。

　やがて，その内部でも些細なことをきっかけに，「グループ内グループ」ができ，一人が排斥されてしまうことがあります。排斥されかけた人も，もともと他者とは違うという意識があるグループの一員だからこそ，そのグループから逸脱することは避けたいので，なんとかそのグループにとどまろうとします。

　すると，「仲間外れにする」「あの子と付き合わないで」というように，グループ内の力関係や周囲との「関係性」「ネットワーク」を活用して，心理的に追い込むといういじめが見られると言います。

　こうした人間同士の関係性を使った「関係性攻撃によるいじめ」は，心理的被害が中心となるため，身体的な暴力と違ってなかなか表面化しにくいです。そのため，教師にとって指導がむずかしくなります。

関係性攻撃によるいじめは，一見すると仲の良いグループほどあぶないです。なぜなら，いじめられている被害者は，グループにとどまりたいがために関係性を維持しようとしていじめを秘匿し，何とか収束するまで我慢しようとするからです。友人関係を維持しようと，じっと我慢したり言うなりになったりして，つらい状況の中でも極限まで耐えてしまうのです。そして，それに耐えられなくなったときに，限界として重大事案を引き起こす恐れが高まります。

　こうした場合にどういう対応をしたらよいのでしょうか。

　いじめられることで自己評価を低下させた子どもには，その子のもつ「重要な価値」があることに気づかせてあげたいです。いわゆる「自己肯定化」の促進です。他者の価値観に翻弄されるのではなく，自分にとっての重要な価値を見出すことができれば，グループ内や集団から排斥されたとしても自己評価を低下させることなく，自己実現に向かうことができます。

　その支援を効果的に行うことができれば，被害者も，そしてそうした関係性のいじめの加害者に対しても「いじめは自分の価値を低下させるだけだ」と気づかせることができ，よりよい集団を形成していくことが可能になります。

$$\begin{bmatrix} 2 \end{bmatrix}$$ 学校の対応の効果

本調査では，いじめ発生時の学校の対応についても回答を求めている。

（1） 学校対応の明示化が生む効果

実際にいじめがあったときに，学校はどのように対応したのか，対応したのはだれかという回答数，割合を示したのが**表4-4**である。

調査結果によると，担任のみで対応したのが79件，担任とそれ以外の教師の複数で対応したのが63件，だれが対応したかわからないのが64件であった。つまり，「担任のみ」がやや多く，「担任とそれ以外の教師」「だれが対応したのかわからない」がほぼ3割ずつになっている。

表4-4 いじめに対する学校の対応

いじめへの対応者	回答件数
担任のみ	79
担任+それ以外	63
わからない	64
回答不明	4

指導後の変容	回答件数
改善した	71
変わらない	104
悪化した	11
不明	24

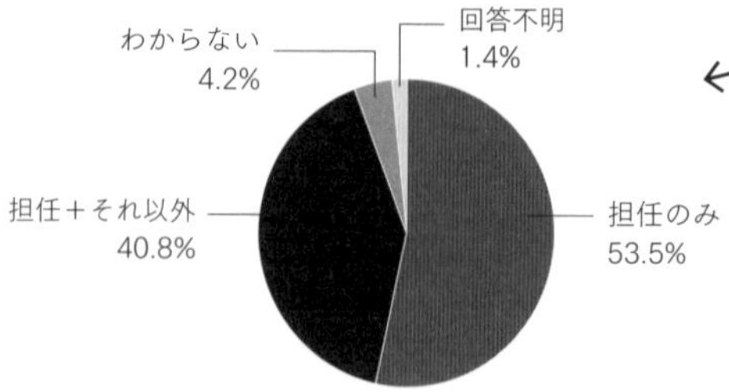

わからない 4.2%
回答不明 1.4%
担任+それ以外 40.8%
担任のみ 53.5%

図4-5 改善した71事例の対応者の割合

このうち，相談後にいじめの状態が改善したのは71件，変わらなかったのは104件で，悪化したという回答も11件あった。

改善したと回答があった71事例に目を転じてみると，「担任のみ」で対応した事例が53.5%，「担任とそれ以外の教師」が対応した事例が40.8%であった（**図4-5**）。

つまり「改善した事例」では，「だれが対応したのかわからない」ということはほとんどなく，「だれが対応したか子どもたちは，はっきりわかっていた」ということになる。

（2）小中学校の比較

改善された事例のうち，本調査でいじめの発生件数が多かった小学校5年生と中学校2年生について検証してみた（**図4-6**，**図4-7**，p90）。

小学校5年生では，改善した事例を100としたとき，担任のみで対応したケースにおいて，改善した割合は50%を超えていた。一方だれが対応したか「わからない」ケースでは，改善した事例が一つもなかった。

中学校2年生では，改善した事例を100としたとき，担任とそれ以外の教師が対応したケースにおいて，改善した割合は40%を超えていた。一方，対応した教師がわからないケースでは，変わらないまたは悪化した事例が40%を超え，改善した事例も1事例だけであった。

こうした結果から，小学校では事態の改善に向けて学級担任の影響が強く，中学校では学級担任と教科担任や部活担当などの複数の教師による協調的な介入が功を奏していることが確認できる。担任とそれ以外の教師が協調したケースは，小学校でも30%程度改善が見られており，集団指導において教師が協働して対応していることを子どもたちに認識させることの有効性が示唆される。

このように，「だれが対応したかが，子どもたちにはっきりわかっている」「周囲から見える形で対応を行う」という点は，いじめの指導を成功させる重要なポイントの一つだと思われる。

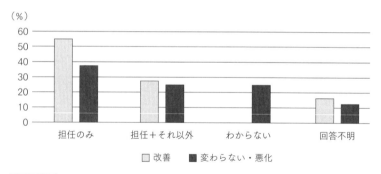

図4-6 小5の改善傾向と対応者の関係

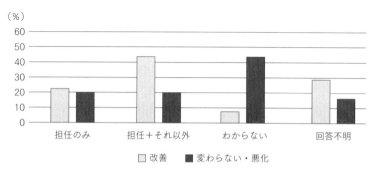

図4-7 中2の改善傾向と対応者の関係

［3］ いじめの実態分析を通して

　本調査結果では，「担任のみ」「担任とそれ以外の教師」というように，子どもたちに対応者がはっきりとみえていた場合に改善事例が94％を超えた。当事者への個別指導だけではなく，ほかの子どもたちも気づくよ

うな形で集団指導があった場合に，その後の改善が有効であることが示された。

　いじめには学級全体への指導が有効であるという調査結果は，いじめを改善するための学級集団づくりの重要性を示唆していると言えるだろう。つまり，いじめの問題は個別の問題ではなく，集団の問題であるという認識が必要だということである。

　いじめ事件の対応は，ともするといじめの報告があった後に，加害者や被害者と思われる子に対する個別指導をするものだと考えがちである。もちろんそれも大切な指導の一つであるが，それだけでは事態はうまく改善しない。

　ではなぜ，ほかの子どもたちも気づくような集団への指導が必要なのであろうか。

　学級集団は，学校生活の基底的な社会集団である。この意味から，「ソーシャルキャピタル（社会関係資本）」という考え方をヒントに，いじめを考察してみたい。

　ソーシャルキャピタルとは，社会・地域において，人々の信頼関係や結びつきを表す概念のことである。学級のソーシャルキャピタル（コラム4，p93参照）は，子どもたちの人間関係，コミュニケーションがベースとなって形成される。

　ソーシャルキャピタルのタイプには，一体感や協働性といった結びつきを志向する「ボンディング型（結合型）」と，社会性を身に着け他者とつながろうとする「ブリッジ型（橋渡し型）」の二つがある。いじめは，このうちボンディング型の負の側面を活用して行われていると理解できる。つまり，他者と一緒に活動することを希求する人に対して，関係性を攻撃して孤立させることでダメージを与えるのである。

　このように考えると，孤独感を生まない周囲との関係性を基底とした学級集団社会の形成，ソーシャルキャピタルの蓄積は，いじめ問題を解決する一つの方向を示していると言える。

いじめの問題を改善するためには，集団指導を通してボンディング型のつながりの正の意味を子どもたちに考えさせ，他者やグループに対して閉鎖的になるのではなく，正のボンディング型ソーシャルキャピタルが形成されるように促進していくことが，有効な解決策の一つになると考えられる。例えば，複数クラスとのイベントや異年齢集団との交流活動が挙げられよう。

　学級という社会基盤をよりよいものにするために，自由なネットワークを形成するコミュニケーションのあり方を教師が説いていく。そうした教師の真摯な対応を，集団全体に見せていく。学級のソーシャルキャピタルが強化されていくことを，いじめ指導に活用したい。

　以上の結果からは，教師が協働して生徒集団への指導に当たることの重要性，ソーシャルキャピタルへの対応や指導の効果性が示されている。いじめを個別の事案と考えずに集団への指導を行うことの重要性を再認識しながらいじめへの対応を考えることの重要性が浮き彫りになったと言えよう。

Column 4

社会関係資本（Social-Capital）のもつ力

　日本におけるいじめに関する先駆的な研究を行った森田・清永（1994）らは，いじめは加害者－被害者間の問題だけではなく，彼らを取り巻く観衆や傍観者の存在を挙げていますが，そうした「四層構造」によっていじめを考えるという考え方自体が，いじめは決して個人の問題ではなく集団の問題であるという筆者らの姿勢を示していると言えます。

● いじめは個人の問題ではない

　こうした先駆的な研究があるにもかかわらず，いじめ問題は未だに当事者間の問題点としてとらえられていることが少なくありません。加害者側の要因を探索したり，被害者側にも瑕疵がなかったか詮索したりするなど，いじめにおける直接的な関係性に焦点が当てられがちです。しかし，実際にいじめは学校の中で起きています。クラスのだれもが知っていたという事案も多いです。観衆や傍観者という概念が存在するように，その学級という社会全体の問題としていじめ問題は考えられるべきです。

　もし，その学級集団社会が健全な判断力を持ち合わせていたなら，いじめを引き起こそうとする当事者に対して周囲は決して黙っていないでしょう。だれもいじめを制止しない，問題にもしない，という状況であったならば，その社会は病理を抱えているといってもよいのではないでしょうか。困っている個人を助けようとすること，仮に自分で行動を起こせないにしろだれかに助けを求めようとするのは，集団社会には本来備わっているはずの機能です。それが発揮されないということは，その社会が不全であり何らかの病理を抱えていると考えなければなりません。

●集団にフローを蓄積させる

　人間関係を社会における一つの資本（Capital）であるとする社会関係資本（Social-Capital）という概念があります。人と人との関係性が社会生活におけるさまざまな側面に影響を与えているとする考え方は，いじめの問題を考えるときの大きなヒントになるものと思われます。人間関係が豊かになるとき，当面の関係性に充当するものだけではなくさらに信頼関係を築くためのエネルギーが生みだされていくとすると，そのあふれ出た（flow）信頼感は資本として蓄積され，次への対応や他者への配慮のために準備される資本となります。

　例えば，中学校などで合唱コンクールや体育祭などのイベントを行った後に学級集団が一体感を感じるようになったり，学習やそれ以外の活動にも意欲的に取り組むようになったりした，というようなことは多くの教師や生徒が経験しています。フローとして社会関係資本の蓄積がない場合には，信頼感を含めた関係性がその社会を豊かにすることはありません。個人それぞれがそれぞれのふるまいに精いっぱいとなり，個人が「孤人」となってしまうのです。こうした状況がいじめ事案を生じさせる学級社会の病理の一因となってはいないでしょうか。

　いじめを救うには，学級における社会や集団の力が必要です。社会関係資本を正常に機能させることで，学級全体でいじめを防ごうとする心性は高まることが期待されます。そのためにも教師は，もっと学級社会の社会関係資本づくりに介入してよいと思います。

●社会関係資本づくりにおける教師の役割

　教師は，学級集団社会の構成員であり，生徒の主体性に対するフォロワーであると同時にリーダーとしての役割も担っています。教師がいじめに気づかなかったことが，いじめの重大事案後に批判されることがあ

りますが，問題はそこではありません。むしろそうした教師の情報収集不足を指摘することは，監視社会を生み，いじめが隠匿される可能性にすらつながります。

　教師がすべてを把握することがいじめ問題の解決の方法ではなく，教師と生徒，その家族も含めた学級を集団社会として健全に機能させることこそが，問題解決のカギです。そこに教師はもっと注力すべきです。学級づくりの初源には，教師がいるのですから。

第5章

いじめの早期発見

　いじめが原因で起こる重大事案を防ぐためにどうしたらよいのか。その答えは，「いじめが生まれにくい学級づくり」と「いじめの早期発見」につきると思う。

　いじめを早期発見しようと，全国の学校関係者や保護者が日夜腐心している。事案が起こってから「なぜ気づかなかったのか」と嘆き後悔する関係者の声を耳にするたびに，なんとかしていじめを早期発見できないものだろうか，と多くの人々が願う。

　そこで本章では，なぜいじめの早期発見がむずかしいのかという理由について検討し，発見するための対応について考えてみたい。

　著者らの調査によれば，早期発見のためには次のような準備が欠かせないことが示唆されている。ただし，これら三つの前提として，「教師が生徒と信頼関係を築くこと」が最も重要なのはで言うまでもない。

　いじめの早期発見のために
　1：子どもたちが援助要請しやすい環境を整える。
　2：死角を作らない。
　3：いじめの訴えを見逃さない調査を実施する。

　また，調査からは，いじめを隠そうとする心性が当事者である加害者と被害者の双方に働き，それがときにいじめを問題化させたくない学校や担任の思惑と軌を一にすると，事態が学校や社会の暗部にいっそう押し込められてしまうこと，つらい経験をして教師や周囲に訴えても助け

てもらえないと生徒は次に援助要請することをためらってしまうこと，そんな現実についても垣間見えてきた。

　加害者・被害者による「二重の秘匿」の問題，教師－生徒関係の信頼性の希薄化，死角で起こるいじめ，などいじめの早期発見を阻害する要因についても分析的にみていきたい。

1　いじめの早期発見の困難さに関する調査

　いじめの早期発見がむずかしい理由として，どのようなことが挙げられるだろうか。

　実際に大学生と大学院生を対象に，「いじめを早期発見しにくいのはなぜか？」という問いを調査してみた。その結果をもとに，考察してみよう。

　調査は，平成29年6月に，約250人が履修する大学の授業を通して行い，上記の問いについて自由に記述し回答することを求めた。そのうち，授業後に調査に協力することを承諾してくれた79名分の回答を手に入れることができた。もちろんこの調査は一般化するには十分なものであるとは言えない。しかし，その内容には示唆に富むものが多く，今後いじめ問題を考えるときに大きな手がかりとなる，有益と思われる内容のものが多く含まれていると考えている。

　自由記述による複数回答の結果，「いじめを発見しにくいのはなぜか？」ということの理由として79名から381項目が挙げられた。

　筆者らは，これらの回答を「（1）生徒の要因」「（2）教師の要因」「（3）それ以外の要因」の三つの要因に分け，さらにカテゴリーごとに分類した。後出の**表5-1～5-3**である。これをもとにして考察していこう。

2 いじめを発見しにくい理由（1）
——子どもの要因

まずは，子どもの要因について見ていきたい。

表5-1 いじめを発見しにくい理由——子どもの要因

対象	主な要因	定義	記述例	出現数
加害者の要因	隠そうとする	ばれないようにしている。陰でやっている。仲良しを装う。教師が気づかない。	• いじめの加害者は，ばれないようにいじめを行おうとするから。	70
	加害者のポジション	加害者がクラスで上位の子。先生と仲が良い。	• 加害者がクラスで立場的に上であることが多いため。	4
被害者の要因	援助要請できない被害者	相談や援助要請できない。	• いじめられても相談できない。	31
		いじめと認めたくない。被害者が隠す。	• いじめられている側もいじめを隠そうとするから。	22
周囲の状況	悪化懸念	仕返しが怖くて言えない。チクったといわれる。悪化する。	• いじめられている生徒も教師に言ったらさらにいじめがひどくなることを恐れて，なかなか報告できないから。	29
	学級の中，周囲の雰囲気	周囲が無関心。見て見ぬふり。おおごとにしたくない。めんどう。クラスの雰囲気が悪い。	• 周り一言えない（自分もまきこまれるとめんどう）。 • おおごとになるのがいや。	44
	次の被害者になる怖さ	次のターゲットになりたくない。	• いじめの拡大を恐れる。ターゲットになりたくない。	12
		ターゲットが次々替わる。	• いじめの対象が変わることがあると考えているから。	3
発見をむずかしくする社会的な要因	いじりといじめ	「いじり」なのか「いじめ」なのかわからない。気づけない。軽く考えている。定義があいまい。	• 遊びやいじりの延長線上にあることも多いと思うから。	50
	子ども社会の特性	子ども社会の閉鎖性。大人に相談しないという暗黙のルール。	• 大人に相談するのは「反則」という概念。	3
	コミュニケーションの希薄さ	子ども同士でコミュニケーションが取れない。	• 日常のコミュニケーションを取れる子と取れない子の差が大きい。	3

（1） 加害者のしたたかさ

いじめを早期発見しにくい理由として，「隠そうとする」という回答が，加害者の要因として全体を通して最も多く寄せられた。これは私たちも実感を伴う意見であり，「当然だろう」とうなずける。

だが，精緻にみていくと，「ばれることを恐れて隠す」と「陰でやっている」という回答には，教師にいじめが発見され，指導が加えられたり叱責されたりすることを恐れている様子がうかがわれる。一方，「うそをつく」「一見仲良く見せて教師に気づかれないようにする」には，教師への露呈を恐れて隠れて行ういじめに比べて，うそをつくという大胆さを垣間見ることができる。陰でやるいじめと比較すると，加害者の強さやしたたかさが感じられる，より深刻ないじめの状態であると考えることもできよう。

もう一つ，加害者の要因として，いじめを早期発見しにくい理由に「加害者のポジション」という回答が挙げられた。例としては，加害者がクラスで上位である，成績がいいので先生にかわいがられている，といった記述が見られた。いわゆる「スクールカースト」と呼ばれるヒエラルキー（階層）の存在が，いじめを見えにくくしている，あるいはいじめを引き起こす一因となっているということが考えられる。

このタイプのいじめの形態はいくつか考えられるが，階層性に基づく加害者の社会的な優位性がいじめの誘因となり，教師と生徒に好ましい関係性が取れているものの，教師にいじめは発見されにくいと生徒たちは感じていることがわかる。

（2） 援助要請できない被害者

被害者の要因としては，相談や援助要請ができないことが，いじめを発見しにくい理由として多く挙げられている。

援助要請については，近年の研究（多数存在するが，ここでは永井・

本田・新井（2016）を挙げる）で，援助要請は援助を要請することによる利益やコストを検討しながら行われていることが指摘されている。つまり，それで問題が解決するのか，相談したときの秘密は守られるのかといった点を考慮して，援助要請をするかどうかが決められるというのである。

　だとしたら，いじめについて「被害者が相談できない」という実態は，被害者を取り巻く現状が，援助要請をすることの利益やコストに見合っていないことを表していると考えられる。つまり，だれかに相談することで期待できる利益と，相談することで自らが被る不利益を天秤にかけたときに，援助要請を行うという選択がなされないのである。

　一方で，被害者自身がいじめを認めない，隠す傾向があることも回答には挙げられている。いじめられているという弱みを他人に見せたくない，他人に相談せずに自分で解決したいという思いも，被害者が援助要請を躊躇する背景になっていると思われる。

（3）二重の秘匿

　ここまで加害者と被害者の要因を考察してきたが，自らの行為の不当さに気づきながらそれを隠そうとする加害者の姿にも，教師からの叱責を単純に恐れる者と，巧妙に教師に対応しながら自らへの叱責から逃れようとする者がいるように，教師に対する生徒の態度には差がみられるということがわかった。このような教師への抗い方の違いは，「力の差」となって生徒の中にも階層を生み，上位者はそれを利用して下位者に力を行使するため，容易にいじめの隠蔽が可能となる。そして下位者は，上位者からの圧力と，また援助要請することの利益・コストを考えて援助を求めることができず，自分からいじめを隠したり表面化させなかったりする。

　このように，加害者と被害者によるいわば「二重の秘匿」が，いじめ問題の発見の困難さにつながっていると言える。援助要請をどのように

引き出すのかに加えて，被害者と加害者の双方が隠蔽している行為をどのように引きずり出すのかという「二重の秘匿からの脱却」が，いじめの早期発見には重要な意味をもつ。

（4）学級力の低下

次に，周囲の状況の要因に目を転じてみよう。加害者と被害者をとりまく生徒から，教師への報告はなぜなされないのだろうか。

いわゆる「チクり」については，さらにいじめが悪化することを恐れる，おおごとにしたくない，自分がまきこまれるとめんどうである，いじめをやめさせようとする学級の雰囲気ではないこと，次のいじめのターゲットになる怖さなどの「悪化懸念」から，行動に移すことができない様子が回答として挙げられている。

森田・清永（1994）は，直接的な加害者や被害者をとりまく人々にいじめへの関心が薄れていく様子を，「観衆」「傍観者」と表現した。現在はさらにこうした無関心さが拡大し，いじめに対して関心をもつことすら忌避する人間が増えてきていると言えるのではないだろうか。

これまでは，観衆が「消極的ないじめ関与」（心理的野次馬）のレベルとすると，傍観者はいじめとは無関係な「不関与」（見て見ぬふり）のレベルだったと考えられる。しかし，近年ではいじめの対象が拡大していることや，加害者・被害者が次々とターゲット（対象）を替えながら続くという状態から，より積極的にいじめという現象から距離を置くために，学級集団から離脱しようとする「積極的不関与」のレベルの者が増えてきていることが示唆される。そして，このような現象の背景に「学級力の低下」とも呼ぶべき課題があり，学級の「集団性」という側面が脆弱になってきていることが考えられる。

前出の森田らは，傍観者から「仲裁者」を生むことをいじめ防止の手立ての一つとして提案している。しかし，そもそも学級が集団としてかつてのような機能を果たせているとは言えない今日において，残念なが

ら仲裁者は出現しにくいと言わざるを得ない深刻な状況がある。

（5）いじりといじめ

　加害者・被害者・周囲の状況の要因以外にも，いじめの発見をむずかしくする社会的な要因が考えられる。その中でもとくに多かったのが，「いじりといじめの区別のむずかしさ」であった。

　実際に学生や教師に直接意見を聞く機会があったときにも，「どこまでがいじりで，どこからいじめかわからない」「ふざけていると思ったらいじめだった」という声を聴くことが多かった。女子学生から「男子が休み時間などにたたき合ったりしているときは，いじっているのかいじめているのかわからない」という意見が出たときには，ほとんどが同意していた。実際に遊んでいるのかいじめているのかわからないという意見が多いように，子どもたちにとっても「いじめの定義」が明確ではないのである。

　子どもたちに聞いてみるとTVでタレントたちが「いじって」いるのをまねしているだけだ，とうそぶくことがある。だが，タレントたちの「いじり」といじめの場における「いじり」は決定的に違う。

　タレントは，視聴者に笑われて収入を得ている。そのために体を張っていじられる。いじる側は，いじられる側のいわゆる「ボケ」担当をいじる，突っ込みを入れる。それは，収入を得るために体を張るボケ役の「ために」いじる。ボケ役は，突っ込み役がいじってくれて笑いを取ってくれて収入につなげるために，お互いの「信頼」のもとに行っている。

　生徒同士のいじりは，その人の「ために」なることなど一つもない。いじられることでグループの一員になれたとしても，それが連続していっていわゆる個人の「キャラ」になってしまったら，よほどのことがないかぎりそのキャラは変えられなくなってしまうだろう。プロのいじりには信頼がある。生徒のいじりが過度に行き過ぎると悲惨な状況が待っているだけである。

（6）子ども社会の特性

　子ども社会に存在する「大人に相談するのは反則」という暗黙のルールも，いじめの早期発見を阻む要因の一つである。自分自身で解決しなくてはならない。自分にも非があるのではないか。親や親しい人に心配をかけたくない。悪化したらどうしよう……。そんな思いが被害を受けている者をさらに隘路に追い込んでしまう。

　また，少年期・青年期は社会性が育つ時期であり，自分の欲求と他者の欲求が衝突したり他者とのかかわりの中で不具合があったりということを経験する。それにどのように対応していくのかを学びながら人は成長していくものだとしたら，いじめの境界線に外部である大人から線を引くことはむずかしい。この項目については，次頁のコラム５でも詳しく述べる。

Column 5

早期発見のために

「子どものケンカに親が出る」は、かつてある種否定的な意味を含んで使われた惹句です。ケンカした相手の親が登場すると、叱られて謝りながらも、「あいつが悪いのに」と憤ったものでした。親が出てこないと解決できないことが個人の力量を示しているように思えて、自分もケンカしたときに親には話さなかったような気がします。

本章で取り上げている調査の結果で、援助要請を妨げる要因として挙げられていた「二重の秘匿」や「子ども社会のルール」という裏には、そうした思いがいまでも子どもたちに残っていることを明らかにしてくれます。そう考えると、やはり、子ども社会のことは子どもたちの自助努力にゆだねるべきなのでしょうか。

いいえ。そんなことはない、と断言したいのです。成長過程にある子どもたちにとって、経験を含めて、判断力や情報分析力などの諸能力は、まだまだこれからという発展途上の段階にあります。彼らが、子ども同士、あるいは年上、ときには教師などから支配的な圧力を受け続けるというつらい状況にあるとき、心配してあげること、救い出してあげることは大人の責務であるはずです。

「気づいてあげられなかった」という反省や後悔をすることになる前に、「どうしたの」と心配してあげることがいじめが重大事案になることを予防する最良の手段です。それは決して子ども社会のルールを踏みにじる行為ではなく、子ども社会のルールを守るための保障なのです。

何よりも「私たちは、あなたたちを守りたい」という大人たちのメッセージ、それを子どもたちに明確に伝えることから始めていくことが大切なのではないでしょうか。

3 いじめを発見しにくい理由（２）
──学校・教師の要因

　次に，いじめを発見しにくくしている学校・教師の要因について考えてみたい。

（１）教師への信頼

　調査では，いじめの早期発見がむずかしい要因として，「教師や大人と生徒の信頼関係」「教師の多忙」「学校の隠蔽」「教師間の情報共有の不十分さ，温度差」が学校・教師の要因に挙げられた。そして，これら４つを貫くキーワードが「信頼」である。

表5-2 いじめを発見しにくい理由──学校・教師の要因

対象	主な要因	定義	記述例	出現数
学校・教師	教師や大人と生徒の信頼関係	教師と生徒の信頼関係がない。大人に相談してもどうにもならない。めんどうくさがって対応してくれない。	・生徒と教師の信頼関係がない。 ・先生の声がどこまで本気かわかりにくい。	16
	教師の多忙	教師と接する時間が少ない。教師に余裕がない。	・先生が忙しくて取り合う時間がない。 ・ゆっくり話を聞けない。	8
	学校の隠蔽	学校がいじめを認めない。隠蔽。	・学校側の意識が低い。 ・学校の立場上起こってほしくないため。	9
	教師間の情報共有の不十分さ，温度差	教師の温度差。情報共有していない。協働して対処しない。	・教師同士で情報共有不足。 ・教員のいじめに対する認識の違い。	11
担任	担任が抱える	担任が一人で抱えて表ざたにならない。	・担任の先生が一人で解決しようとして，他言しないから。	4
	担任が問題視しない	担任が問題視しない。いいクラス。気づかない。気づけない。気づかないふり。	・担任が見て見ぬふり。 ・いじめがあったとなると（担任の）印象が悪くなるから。	27

生徒たちの回答から，「先生が忙しくて取り合ってくれる時間がない」というのも，信頼を失わせる要因の一つであることがわかる。多忙を理由に生徒と向き合えない，生徒と接する時間が少ないということは，そもそも何のための職務なのかと考えたときに本末転倒としか言いようがないだろう。

　さらに，生徒がいじめがあると感じているのに，仮に学校がいじめを認めないということ（隠蔽）があったとすれば，教師はさらに信頼を失墜することにつながる。

　そして，この根底にある問題が，「教師間の情報共有の不十分さ，温度差」である。教師によっては真剣にいじめに向き合っている人もいれば，そうではない人もいる。仮にいじめが発生したとすれば，生徒について情報を収集しようという教師もいれば，自分は関係なしとする教師もいる。重要なのは，そうした教師間の温度差を，子どもたちがつぶさに見ているということである。学校や教師が一体となっていじめに対する取組みを行っているのかどうか，子どもたちは注視しているのである。

（2）教師間の情報共有のむずかしさ

　さらに，子どもたちに最も近い存在であるはずの担任の振る舞いが，いじめ問題の発見を困難にしていることも，調査から示唆される。

　生徒からいじめを訴えられたとき，担任が「一人で抱え」たり，「問題視しない」で取り合わないようなことがあれば，子どもは相談することを躊躇し，担任に援助を求めなくなる。担任として個人で子どもたちと向き合おうとすることはとても重要な教育的態度であるが，いじめという事案に直面したときには，教師集団として組織で解決に向かうことが必要である。

　いじめ事案に関して情報を収集する場合は，固定的な見方や偏向的な視点を防止するためにも，当事者及び多くの教師や子どもたちからの情報を収集する必要がある。また，保護者への対応や学級全体への指導，

個別指導など，日常の活動以外の用務も増えることを考えると，いじめ対応では担任に大きな負担がのしかかってくる。実際に問題解決に向けた取組みのなかでは，学校内外の教師や専門的知識を有した人たちと協力することも欠かせない。どのような情報をどのように共有していくのか，有効な連携の仕方について普段から確認しておくことは，危機管理としても大きな意味をもつ。

（3）まとめ

　学校や教師集団，学級担任が「信頼」を獲得することは，いじめの予防につながる大きなポイントであり，そのためには何よりも子どもたちの語りに耳を傾けること，相談を受けた場合には担任個人だけではなく，教師集団がチームとして対応することが必要である。

　教師がいじめと向き合ってくれる，自分に寄り添ってくれると感じたときに，生徒は自分の悩みを相談することができ，重大事案となる前にいじめが発見される。重大事案（アクシデント）の前に生じるインシデント（重大事案の前の些細な出来事）を，些細なことと安易に考え見逃さずに対応すること。教師の指導の第一歩はそこから始まるのである。

［4］ いじめを発見しにくい理由（3）
──それ以外の要因

　これまで，加害者，被害者，学校・教師といった要因について考えてきたが，それ以外に必要と考えられる要因についても検討してみよう。

　いじめが発見しにくい要因として，加害者・被害者の「二重の秘匿」の問題，教師と生徒の「信頼」の問題があることを述べてきたが，それ以外の理由についても本調査ではいくつか挙げられている。その一つに，場の問題がある。

表5-3	いじめを発見しにくい理由――それ以外の要因				
対象	主な要因	定義	記述例	出現数
可視化	可視化の必要性1	教師の見えないところで起きている（学校外，トイレ）	• 先生から見えないトイレなどでいじめが起きている。	10
	可視化の必要性2（SNS）	教師の見えないところで起きている2（SNSなど）	• いじめは教室内だけで起きるものではないから（ネットやSNSなど）	19
調査	不十分な調査	調査方法が不完全	• アンケートにうそを書けばいじめはなかったと結論づけてしまう。 • アンケートにほんとうのことを回答するとは思えない。	6

（1）見えないいじめ――ネットという密室

　そもそも「教師の見えないところで起きている」いじめは，加害者がいじめを隠すことと軌を一にしており，発見しようと教師が能動的に動かなければ見えることがない。

　調査において「可視化の必要性がある」とする要因では，近年話題になることも多いSNSやネットを介したいじめの存在が多く指摘されている。

　インターネットメールを悪用したネットいじめについて一時期問題となったが，スマートフォンなどのハード面の技術革新や，インスタグラム，ツイッター，フェイスブックなどのアプリケーションの増大に伴い，生徒はどんどん手軽に情報の受発信ができるようになっている。このような現代社会において，学校や教師に見える形で，情報が錯綜する空間からいじめの情報を顕現化し可視化することは容易ではない。

　家族や友人たちから情報をいかに収集するのか，子どもたちの表情からどう読み解くのか，新たな時代への対応は急務である。ネットいじめについては，第7章に述べる。

108

（2） 死角の存在

　いじめを発見しにくい理由として，物理的な場も問題となる。

　学校には，多くの死角がある。トイレや体育館など，教師の目が届かない場所でいじめが起きていることが報告されている。外部からの不審者への対応として監視カメラなどを設定している学校も近年増えてきているが，学校の内部に監視カメラが設置してあるという話は，それほど聞こえてこない。

　加害者がいじめを隠そうとすることから，教師の死角でいじめは進行する。ネット空間，校舎の陰，公園の片隅……。そうした死角に潜む危険から子どもたちの安全をどう守るかということは大きな課題である。そのための対応を考えることは喫緊の課題である。

（3） いじめ調査の不完全さ

　いじめ防止対策推進法が2013年に施行されてから，各学校では，いじめ防止に対する対策を学校のホームページに掲載し，早期発見のためにアンケートを実施するようになった。年間1〜2回のところから，2月に一度程度の頻度でアンケートを実施している学校もある。

　しかしながら，アンケートでいじめを発見することは，そうたやすくはない。調査でも，「アンケートにうそを書けば，いじめはなかったと結論づいてしまう」「ほんとうのことを回答するとは思えない」という意見がそれを裏付けている。

　また，いじめについて大学生や中学・高校生から直接話を聞く機会があったが，そのときに彼らが異口同音に言うのは「めんどうくさい」というセリフであった。アンケートに回答することで教師からいろいろ聞かれたり，友だちに言われたりする。そんな諸々のことがめんどうくさい，というのだ。

　調査方法を含め，どのようにしたら子どもたちをいじめの被害から守

っていけるのか。「うちの学校はアンケートを実施しています」という言葉が，ただの学校の"アリバイ作り"にならないよう，実効性のあるいじめの調査が求められている。

Column 6

養護教諭はいじめ対応のキーマン

　学校内外の連携の重要性については，今さら言うまでもないでしょう。「チーム学校」という言葉があるように，教師個人の対応には限界がありますし，いじめ問題の解決どころか対応している教師がつぶれてしまうことも心配です。チームで対応するのが今や常識となっています。

　そんないじめ問題への対応を行うチームのカギを握るのは誰なのでしょうか。リーダーシップを発揮する校長なのでしょうか，強い指導力をもった生徒指導主任なのでしょうか。いろいろな人的資源が考えられますが，ここでは，いじめ対応のキーマンとして，「養護教諭」の先生を挙げたいです。

　養護教諭の先生は，実に多忙で多様な仕事をこなされています。各種の健診はじめ健康に関する業務は，学校保健法等の法律による拘束力もある重い仕事です。それと同じくらい心身の不調を訴える生徒への対応は重要な業務です。いじめを受けたときの，最初の避難所が保健室であり養護教諭のところであることは少なくありません。保健室には，「何か」が起こる前の情報が蓄積されています。生徒の家族や外部の医療機関とのコネクター（連結者）としての役割も担うことがあります。そういう意味で養護教諭はときには俯瞰的に，ときには微視的に，学校という社会を観察しています。そんな先生を活用しない手はありません。

　担任や生徒指導，部活の顧問など，日常生徒に接している教師ばかりが生徒を見ているわけではありません。むしろそうした「先生たち」に見せない顔を見ているのが「保健室の先生」なのです。

　いじめ対応のキーマンの一人は，まぎれもなく養護教諭の先生です。「先生たちの発言を，みんな待っていますよ！」と，私は思っています。

第**6**章

いじめ防止のための三つの提案

第5章では，いじめの早期発見がむずかしい理由について，「（1）生徒の要因」「（2）学校・教師の要因」「（3）それ以外の要因」の三つの要因から考察を行った。

本章では，そこで考察したような現状の問題点を理解したうえで，いじめ防止のための三つの提案を行おうと思う。次の三点である。

1：いじめの避難訓練
　　——命を守るために
2：アンケートの工夫　SCT（文章完成法）の活用
　　——匿名性と秘密をどう守るか，実効性のあるアンケートを考える
3：トイレの共有化
　　——いじめが生まれる死角をなくす

言うまでもなく，学校や教師はいじめ防止に取り組み，児童生徒理解などいじめに対しての備えを懸命に行っている。しかし，それでも後を絶たない現在の状況を改善するためにどうすればよいのだろうか。少しでも現状を改善したいと願う人たちのヒントになれば幸いである。

[1] いじめの避難訓練の実施

学校では，毎年，新年度に避難訓練が実施される。多くは火災を想定

したものを4月か5月の早々に行う。9月や1月，3月などに，過去の震災を忘れないようにするという意味をも込めて地震を想定した避難訓練を実施する学校も多い。さきの東日本大震災では，こうした避難訓練の成果が，岩手県の沿岸地域の多くの学校で確認されたことが記録されている。近年においては，学校で発生した火災や地震によって児童生徒の身体に危険が及ぶことは，想定外の大惨事をのぞくと，幸いにしてほとんどないといってよいだろう。

ところが，いじめ事案によって自らの命を絶つことを選ぶ児童生徒の数は，決して少なくない。なぜそこにある危機ともいうべき「いじめからの避難」について，学校は「訓練」をしないのだろうか。

筆者による調査（第5章参照）でも，援助要請をできない子どもたちの様子は浮き彫りになっている。その子らにとって，いじめの避難訓練を行うことで，担任や学校，もしくは第三者機関のどこかが救いにつながればよいのではないか。

また，いじめ被害者が「助けて！」と声をあげることができなくとも，「あの子を助けてあげて！」と周囲の子が訴え出ることができればよい。自ら仲裁者になることがむずかしくとも，匿名の通報者になることは可能かもしれない。そのような助けがあれば，被害者の援助要請のハードルはうんと下がるに違いない。

現在でも，学校が行政や教育委員会らと連携して「SOSカード」のようなものを発行したり，「子ども110番」のような制度を設けたりするなどの対策が行われている。長野県では2017年8月にLINE株式会社と「LINEを利用した子どものいじめ・自殺対策に関する連携協定」を締結するなど，行政がいじめ・自殺対策に本腰を入れる姿勢も始まっている。

しかし残念ながら，手軽なツールによる相談機関よりも，現状ではまだまだ直接的な相談や電話での相談が多い。だからこそ，実際の相談機関やスクールカウンセラーなどへの相談の仕方をトレーニングする「いじめの避難訓練」が有効であると考える。次期学習指導要領の施行によ

表6-1　いじめの避難訓練　授業指導案

1　題材名　「いじめから身を守るには」
2　対　象　小学校5年生
3　本時の目標　いじめで困ったときの対処法について考えることができる。
4　本時の活動

段階	主な学習活動及び予想される児童の反応	指導上の留意点など
導入	1　**教師自身の困ったときの体験を話す。** 例：「体調が悪かったけど，どうしても『休みたい』と言えずに我慢して部活動に参加した中学生時代の話」など，困っているのにそれを伝えられないで苦しんでいたときの話。	• 「悩んでいたことをだれにも伝えられず苦しい」という体験を多くの人が経験していることに気づかせる。
展開	2　**苦しいときの対処の仕方について考えることを学習課題として提案する。**とくにだれもが経験する可能性のある「いじめ」から身を守ることについて課題とする。 　いじめられて困ったときはどうすればよいのだろうか 3　**いじめられたときの対処法を話し合う。** • 友だちに相談する • 先生に言う • だれにも言わないと思う • 親にも話さないかも	• だれもがいじめられる可能性があること，いじめられて困ったときにどうすればよいのかをあらかじめ学習しておく必要性を伝える。
終末	4　**困ったときに相談する練習をしよう** ①先生に相談する 　「先生，ちょっと困っているので相談したいのですが」「連絡ノートに書いてみよう」 ②保健室の先生に相談する 　「心配なことがあるんですが，聞いてください」 ③カウンセラーの先生に相談する 　「先生，ちょっとお話ししてもいいですか」 ④友だちに相談する 　• 隣の人と練習してみる ⑤電話相談してみる 　「もしもし」「どうしましたか？」「いじめられて困っているので電話しました」 5　**練習をしての感想を話し合う** • 困ったときの練習ができて良かった。 • 友だちにも話せるかもしれない。 • カウンセラーの先生のところにも行ってみたい。 6　**教師の体験や思いを伝える**	• 実際に教師や友人と役割を決めてトレーニングする。 • 直接話すのが苦手な子もいると考えられるので，手紙や連絡ノートなどでの伝え方もあることに気づかせる。 • 事前に電話相談の窓口の方から対応の実際を聞いておく。 • いろいろなチャンネルで相談できることを確認する。 • つらいときや苦しいとき，だれかに助けを求めることの重要性や教師が支える存在であるという姿勢，いじめは絶対に許さないという方針を示す。

114

り「特別の教科　道徳」がスタートするが，いじめに対する心の学修とともに，特別活動などで実際の避難の仕方をトレーニングすることを提案したい。

　では，学級会やホームルームの時間などを活用したいじめの避難訓練をそれぞれの学級で実施する際にはどういうことをしたらよいのだろうか。実際の授業場面を想定した学習指導案の例を考えてみよう（**表6-1**）。

　ここでは活動例を指導案的な形で示したが，実際に役割演技をする過程や教師の思いや体験を語ることで子どもたちの援助要請に関する不安や相談に対する心のハードルを取り払う機会を設定することは有意義なことであると思われる。

2 アンケートの工夫

　アンケートはいじめの早期発見に欠かせないツールであるが，重大事態の報告書（第3章）や筆者らの調査（第4章）からもわかるように，アンケートの中で子どもたちはいじめについて必ずしも素直に報告するわけではない。いじめられている（いじめがある）と書くことで，教師からの問いかけに対応するのはめんどうだと考えたり，いじめられていると記入してだれかに気づかれることを恐れたりして，事実をありのままには記入しないことが考えられる。

　次頁に一例を挙げたが，このような現行の「いじめのアンケート」に関して不満を感じる子どもたちは多い。それは，記名式であること，記入のしにくさ，実施方法に対する不満などのためである。そうした子どもたちの意見に対応することで，アンケートが早期発見の効果をもたらしてくれるようになると思われる。

【参考】一般的ないじめのアンケート例

　　　　　　　　　年　組　番　氏名＿＿＿＿＿＿＿＿＿★

　　　　　　　　　　　（氏名は記入しなくてもかまいません）

1　あなたは今，何か悩みごとがありますか。
　　該当する記号に○を付けてください。
　　　　ア　ある　イ　ない

2　1　の質問で「ア　ある」と答えた人のみ答えてください。
　　どのようなことで悩んでいますか。
　　該当する記号に○を付けてください。（複数回答可）
　　　　ア　友人のこと　イ　家族のこと
　　　　ウ　勉強のこと　エ　進路のこと
　　　　オ　学校生活のこと　カ　健康のこと
　　　　キ　先生のこと　ク　異性のこと
　　　　ケ　自分のこと　コ　先輩・後輩のこと
　　　　サ　その他（具体的に：　　　　　　　　　　　）

3　あなたは今，根拠のない悪口，嫌がらせなどのいじめを
　　受けていますか。該当する記号に○を付けてください。
　　　　ア　受けている　イ　受けていない

（1）実施方法の工夫

　いじめのアンケートは，多くの場合，教室で一斉に配布する形で行われるが，「鉛筆の音で，いじめられていると書いていることがばれる」「隣の人に見られる」「回収するときに，先生が後ろから集めてと言った」など，アンケートの実施方法に対する不満が子どもたちから次々に出てくる。

　助けを求めたくても，自分の秘密や困っていることを周囲に気づかれ

ることに抵抗を感じるのは当然であり，そうした不安から守ってあげる
ためにも実施方法には細心の注意が必要である。そのための対策と工夫
を考えたい。

ア）自宅で記入
　だれにも見られたくないのであれば，封筒を用意して，自宅で記入した
後に提出を求める。
イ）試験問題に混入する
　期末試験の問題の間に，例えば「問３　あなたは現在いじめなどで困っ
てはいませんか」というように挟むことで答えやすくなる。もっとも，こ
の設問が試験の出来に影響を与えるようでは困るが。
ウ）全員が記入できる項目をつくる
　「いじめられている人」だけが記入するから気になるのであって，全員
が何かしら記入する必要があるような問題設定にすれば，その心配は防ぐ
ことができる。

　このように，アンケートの実施方法を変えるだけでも，大きな効果が
期待できる。重要なのは，いじめの被害にあっている生徒本人や周囲の
生徒から，正しい反応が返ってくるような実施方法をいかに実現するか
ということなのである。

（2）記名の仕方

　アンケートを記名式にする理由として，教師は「名前がないと指導し
たり確認したりできない」点を挙げる。確かに，教師側からすると直ち
に指導したい。そのためにはだれの回答なのか確認しないといけないの
で記名式を求めるのだが，そうすることでいじめの事実が子どもたちか
ら出てこないとすれば本末転倒である。前述したように自宅でアンケー
トに記入できるとよいのだが，そうした条件が整わず，もし教室でいじ
めのアンケートを実施するとしたらどうしたらよいのだろうか。

こう考えてはどうだろう。無記名で実施して，だれかが「いじめられている」と回答したとしたら，「このクラスには，いじめがある」と認識するだけでよいのだと。だれかまではわからないが，いまのクラスの状態は危険であるという認識をもつことができ，注意深く子どもたちの様子を見守るためのきっかけになればよいとする判断である。

　もちろん回収の仕方で，ある程度だれが書いたかを判断できるかもしれないし，記入の様子を注意深く見守ることで，実は様子がおかしい子，不安げな表情を示す子に気づくことができるかもしれない。要は，少しでも子どもの状態を知るための情報収集として，意味のあるアンケートが実施されることをめざすのである。

（3）アセスメントとしての投影法の活用

　いわゆるいじめアンケートへの記入に対して子どもたちの抵抗感が強いとしたら，従来の形式にこだわる必要はない，ということを考えてもよいのではないだろうか。

　ここでは，心理投影法としてのSCT（文章完成法テスト）によるアンケート方法を提案したい。SCTは，「私は　友だちと（　　　　　　　　）」のような文の一部に続けて，自由に短文を完成させてもらうという形式の心理テストである。このようなテストの方法は投影法と呼ばれる。正式な分析方法に関しては専門的な知識を持った人物や専門書に委ねるが，ここでの提案は，学級の様子や子どもの心理状態をとらえるときの補足的なテストとして，これを活用できないだろうかということである。

　例えば，「私は　最近　友だちと（　　　　　　　　）」というような刺激文を準備したときに，A男は「私は　最近　友だちと（あまり遊ばない）」，B子は「私は　最近　友だちと（いるととても楽しい）」などと回答したら，『B子ちゃんは大丈夫そうだが，A男君は心配だな』と考えることができるだろう。子どもたちも，直接的にいじめの有無を尋ねられるアンケートより自由に記述しやすくなるに違いない。

第Ⅱ部 | いじめへの対応－実践編

　自由記述から浮かび上がる子供の不安感や悩みをアセスメントし，次の一手を打つことに，「いじめのアンケート」という役割を果たすことにつながると思われる。

【参考】文章完成法を使ったいじめのアンケートの例

> 次の文章の（　）の中に，自由に言葉を入れて，文を完成させましょう。
>
> ○　最近，私はとても（　　　　　　　　　　　　　　　）。
>
> ○　教室のふんいきは，色にたとえると（　　　　　　　）色だ。
>
> ○　このごろ私は，いつも（　　　　　　　　）のことを，考えている。
>
> ○　かなしいのは，（　　　　　　　　　）のときだ。

第6章
いじめ防止のための三つの提案

［ 3 ］ 死角をつぶす　トイレの共有化

　第5章（P 109）で述べたように，いじめの早期発見をむずかしくしている理由の一つに，場の問題がある。教師から見えない場所で行われるいじめの代表が，トイレなど学校内の死角で起きるいじめと，インターネット上のいじめ（第7章参照）である。
　「事件は，トイレで起きている」。これは，ドラマのセリフでも何でもない。実際に経験したいじめの被害者で，トイレに行くのが怖かった，と訴えてくる子は多い。死角といってよいトイレで，いじめや恐喝，暴行などが頻発しているのは紛れもない事実である。実際に校内暴力が多数発生している学校や落ち着かない学校では，トイレや玄関の様子を見

119

るとなんとなく感じるところがあるものである。

　そんな死角をなくすために，教職員が生徒用トイレをときに利用することを提案したい。どちらも最初は抵抗を感じるかもしれないが，トイレを共有することで子どもたちの関係性や会話から情報を得ることができるし，コミュニケーションが取れることもあるかもしれない。監視のためのパトロールというよりも，トイレという場所でちょっとした時間を共有し，それでいじめを未然に防止できるとしたら，願ったり叶ったりということである。

　いじめに関する重大事案が発生した後で，監視カメラを設置して，校舎内外の安全確保に留意し始めた学校も実際にある。しかし，仮に監視カメラを設置したとしても，必ずどこかに死角は生じる。100％の監視社会など，（しばらくは？）ありえないだろう。

　心の死角をつぶしたいのだ。だれも見ていないだろう。ばれなければいい。そんな気持ちを生徒に生じさせてはならない。トイレにときどき教師が来ることで，少なくとも教室から最も近い死角の一つがなくなる。教師と会話することで親近感も生まれるし，意外な一面を生徒側も教師側も見つけられて，思わぬ関係性がつかめるかもしれない。このように関係性ができてくることで，生徒の心にブレーキがかかることも期待できる。

　学校の中は，教師と生徒の共同生活の場でもある。「同じ釜の飯を食う」「裸の付き合い」という言葉があるが，教壇に立つ「公」としての教師とは違った，「私」の部分で触れ合う場として，教育効果は決して低くはないのかもしれない。

　いじめの四層構造論を提唱した森田・清永（既出）は，同時に「私事化」という概念を提言している。私事化とは，連帯性や関係性が希薄化し，個人化することで周囲への緊張感や不安感が増大するさまを表している。30年前の研究であるが，現在に対する示唆は決して小さくない。

　後出の第7章で詳述するが，インターネットという仮想空間における

いじめは，私事化による孤立化が強まり，他者や周囲への関係性を取りにくくなってきている人々が，これまでとは違った形で孤独感を埋めようとする営為と考えることもできる。「私」は孤独な個人（孤人）ではなく，他者との関係性の中で生きている一人の人間であることを，われわれはもう一度考えてみなければならない。

第7章

ネットいじめと子どもの人間関係

　子どもの人間関係は，パソコンや携帯電話，スマートフォンの普及に伴い，親や教師からは見えにくくなっている。子ども同士のコミュニケーション・ツールに多く用いられているメールや，Web上の掲示板，SNS（Social Networking Service）といったインターネットを媒介としたコミュニティは，その最たるものの一つである。

　目の前で起こる子どものトラブルと異なり，インターネットという空間で起こるいじめをとらえることは，現実世界以上に困難であると言える。だからこそ，教師は子どもの様子を常にとらえ，些細な変化に気づけるように高いアンテナをもつことが必要であろう。

　2018年現在，「いじめ防止対策推進法」のいじめの定義において，次のようにインターネット上におけるいじめが想定されている。

　「いじめとは，児童等に対して，当該児童等が在籍する学校に在籍している等当該児童等と一定の人的関係にある他の児童等が行う心理的又は物理的な影響を与える行為（インターネットを通じて行われるものを含む）であって，当該行為の対象となった児童等が心身の苦痛を感じているものをいう」（第2条）

　「ネットいじめ」は「リアルいじめ」と対置するものであるが，現実生活で行われるリアルいじめと仮想的な空間で行われるネットいじめは，切っても切り離すことのできない関係にある。

　まず，一人をみんなでいじめることによって集団の凝集性が高まるという構造は変わらない。また，現実生活での人間関係は，そのまま「閉ざされたコミュニティ」に持ち込まれる。つまり，ネットいじめとリア

122

ルいじめはＡと非Ａの関係で峻別されるのではなく，現実生活のいじめから「仮想的空間」のいじめへと連続的につながっていることを，大人は理解すべきである。

　動かしがたい現実として，スマートフォンやパコソンといった情報コミュニケーション・ツールが子どもの人間関係に入り込んでいるということを，われわれはしっかりと認識する必要がある。そして，子どもたちの現実生活での人間関係（いじめ）が，ネットという仮想的空間に持ち込まれる危険がどれだけ高いかについて考えることが重要であろう。

［1］ ネットいじめとは

（1）　ネットいじめの動向

　インターネットを媒介にしたいじめについて，渡辺（2008）は「ネットいじめ」と表現している。これにならい，本稿でもネットいじめの用語を用いることにする。

　ネットいじめは，メールや携帯電話が普及し始めた2000年頃から発現してきた，比較的新しいいじめの様態である。

　文部科学省（2008）は，インターネットを媒介にしたいじめについて，「携帯電話やパソコンを通じて，インターネット上のウェブサイトの掲示板などに，特定の子どもの悪口や誹謗・中傷を書き込んだり，メールを送ったりするなどの方法により，いじめを行うもの」ととらえている。

　また，その特徴について，次のように述べている（文部科学省，2009）。

①不特定多数の者から，特定の子どもに対する誹謗・中傷が絶え間なく集中的に行われ，また，だれにより書き込まれたかを特定することが困難な場合が多いことから，被害が短期間で極めて深刻なものとなること。

②ネットが持つ匿名性から安易に書き込みが行われている結果，子どもが簡単に被害者にも加害者にもなってしまうこと。

③子どもたちが利用する学校非公式サイト（いわゆる学校裏サイト）を用いて，情報の収集や加工が容易にできることから，子どもたちの個人情報や画像がネット上に流出し，それらが悪用されていること。

④保護者や教師など身近な大人が，子どもたちの携帯電話やインターネットの利用の実態を十分に把握しておらず，また，保護者や教師により『ネット上のいじめ』を発見することがむずかしいため，その実態を把握し効果的な対策を講ずることが困難であること。

　平成28（2016）年の文部科学省の調査によると，「パソコンや携帯電話等で，ひぼう・中傷や嫌なことをされる」という認知件数は10783件（前年度9187件）で，過去最高である。校種別割合は，中学校53％，小学校24.8％，高等学校20.7％，特別支援学校1.3％であり，中学校が全体の半数を占めている。これは，携帯電話を初めて所持する年齢と関係があると言えよう。

　携帯電話やスマートフォンを子どもが初めて所持する年齢は，徐々に低くなってきている。学校や家庭では子どもに使用を制限するだけでなく，インターネット上での適切なコミュニケーションの仕方を教育しなければならないことが示唆される。

　インターネットを含む情報リテラシーの能力を子どもたちが高めることは，いじめが起きにくい適切な人間関係を現実生活で築くことにも寄与していくことになる。のちに紹介する自治体の取組みや教材を参考にしながら，具体的に考えてみたい。

第Ⅱ部 いじめへの対応 − 実践編

２ インターネットなどにおける疑似世界 （仮想的空間）の中のいじめ

（１）インターネットという高い匿名性を利用したいじめ

「匿名性」というインターネットの一側面に着目した研究は多くある。例えば，安藤（2009）は，ネットいじめは匿名性が高く対処が困難になっていることを述べている。坂元（2009）は，ネットいじめは匿名性が高く，いつまでも攻撃が終わらないと指摘している。三枝・本間（2011）は，加害を行う側の匿名性や広域性があり，被害者（相手）と接触をもたずに行うことができると述べている。加えてSmith（2011）は，ネットいじめは総じて隠すことや逃げることができずに被害者を多くの人の目に晒してしまうという特徴があり，伝統的いじめとは異なる心理的負担と被害を与えることを指摘している。

つまり，ネットいじめは「匿名性が高く，誹謗・中傷のやりとりを多くの人に晒してしまう」という特徴があると言える。この代表と言える媒介が「学校裏サイト」であり，類似のものとしてブログ，プロフ（プロフィールサイト）といった媒介が想定できる（**表7-1**）。

いわゆる「学校裏サイト」は，学校非公式サイトのことで，学校の公式サイトとは別に子どもたちが勝手に作成するものである。2008年の文部科学省の調査では約３万８千件が見つかり，子どもは，自分の学校の名前や住所，電話番号をさまざまな表現や数字，記号に置き換えて裏サイトを作成しているという報告がなされている。

学校裏サイト，ブログ，プロフでは，「誹謗・中傷」「個人情報を無断で掲載」「なりすまし」といった行為が問題となる。現実での教室とは異なり，「仮想的空間」での書き込みは手軽であり，匿名性があるため，いじめが加速していく。

第7章 ネットいじめと子どもの人間関係

125

表7-1 学校非公式サイト（学校裏サイト），ブログ，プロフを媒介としたいじめ

学校裏サイト，ブログ，プロフ への誹謗・中傷	学校裏サイト，ブログ，プロフに，特定の子どもの誹謗・中傷を書き込む
学校裏サイト，ブログ，プロフ へ個人情報を無断で掲載	学校裏サイト，ブログ，プロフに，本人に無断で実名や個人が特定できる表現を用いて，個人情報（電話番号，住所，写真など）を掲載する。
特定の子どもに「なりすまし」，無断でブログなどを作成する。	学校裏サイト，ブログ，プロフに，特定の子どもに「なりすまし」て，ネット上でやり取りを行う。

（栃木県「ネット上のいじめ」
http://www.pref.tochigi.lg.jp/m53/system/.../1269338465785.pdfを参考に改変）

（2）コミュニケーションの特徴

　学校裏サイトへの書き込みは，基本的にすべて匿名で行われる。また，キーワードやパスワードを入力しないと，サイトにアクセスすることはできない（閉ざされたコミュニティ）。すなわち，該当する仮想的空間にアクセスできない人（アクセスが許されない人）にとっては，そこでどんなコミュニケーションが行われているのかを把握することができない。アクセスして読み書きができるということは，その仮想的空間のメンバーと一定程度の人間関係があることを意味している。

　掲示板に書き込まれた誹謗・中傷の内容の多くは，現実生活の出来事と連続性や親和性をもっており，その周辺の当時者であれば了解できる。また，書き込まれた誹謗・中傷は，長期に渡ってその仮想的空間に存在し続け，多くの人が目にすることになる。これが「さらし」と称されるいじめである。

　学校裏サイトは，匿名での書き込み（自分の発言に責任を取らないでよい）という気安さから，いじめがエスカレートしやすいと言える。だれかの誹謗・中傷に加担するような書き込みは，それによっていじめを追認してしまう効果があるが，本人たちは軽い気持ちで行っており，そのことに気がついていないことも多いのである。

さらに，だれが発信したかわからないことで，これを書いたのはもしかしたら○○かもしれないという「疑心暗鬼」も生むことになる。学校裏サイトで身近にいる人から誹謗・中傷（いじめ）を受けることは，実際に珍しいことではない。書き込みをされた子どもは，「悪口を書いたのは，Aさんかな，Bさんかな」と友達を疑い始める。もし，ある特定の友達にしか打ち明けていない内容が書き込まれていれば，当然ながらその友達を疑うことになる。こうして，現実生活の人間関係にも，悪循環（いじめの発生）を来すことになる。

（3）ソーシャルネットワーク・アプリによるいじめ

2000年頃から発現してきたネットいじめであるが，近年はスマートフォンの普及に伴い，だれが発信しているのかがわかる状態でのネットいじめも見られるようになっている。

SNSについて総務省（2017）は，「登録された利用者同士が交流できるWebサイトの会員制サービス」「友人同士や，同じ趣味を持つ人同士が集まったり（中略）ある程度閉ざされた世界にすることで，密接な利用者間のコミュニケーションを可能にしている」と述べている。

言い換えるなら，SNSは「閉ざされた世界における限定された人のインターネット上のコミュニケーション」と言える。そして，SNSの代表的なアプリが，LINE，Twitter，Instagram，Facebookなどである。

子どもたちのSNSの利用頻度については，以下のような調査がある。15歳〜64歳の4000名を対象とした調査（リスキーブランド，2017）では，LINE（ライン）が48％と最も多かった。さらに15歳〜29歳において行われた調査では，LINE69％，Twitter49％，Instagram25％，Facebook21％であった。別の調査で15歳〜19歳の191名を対象としたものでは，96.9％がLINEを使用していた（MMD研究所，2015）。

子どもにとって，LINEは最も身近なコミュニケーション・ツールと言うことができるだろう。

若本（2016）によると，LINE は現実場面における友人や親しい人とのコミュニケーションに使用され，相手が親しいほど頻用されることが報告されている。また，岩本・西野・原田（2017）は，相手と親しいほどLINEを利用しているため，現実場面における暴力や言葉などのいじめとともに生じやすいと指摘している。一方で，LINEの使用頻度と誹謗・中傷といったいじめには関連がないことも報告されている（若本，2016）。

　これらの報告から，LINEをはじめとしたSNSの使用が必ずしもいじめにつながるわけではないが，その使い方には大きな課題があることが認識できる。

　LINEやTwitterによるコミュニケーションは，特定の構成メンバーで行われるため，SNSでの立ち振る舞いは現実生活と連続している。子どもにとって，この閉ざされたコミュニティの中で，いかに自分の居場所を見出していくかということは，とても大切な問題なのである。

　LINEに来たメッセージにすぐにリアクションしない場合には，「既読スルー・未読スルー」ということになる。すると，LINEグループから「はずし」や「追放」の対象となったり，翌日から学校でいじめの対象になったりする。だから子どもたちは，LINEでメッセージが来たらすぐにリアクション（反応）を返さなければと躍起になるのである。

　このように，現実世界の人間関係やSNS上のやりとりが些細なきっかけとなって，いじめに発展していく可能性は高い。「アイツ，キモい」「外す？」などグループの一人を攻撃するようなメッセージが発せられ，グループは加速的に対象を排除する方向に流れていく。

　LINEやTwitterによるコミュニケーションでは，場を乱さないようなリアクション（反応）が暗黙の了解として求められるため，周囲が反対意見を表明することは少ない。そのうえ，発信がだれからされたか明確であるために，現実生活における発信者との力関係も影響し，グループが追従的に排除の方向へ流れてしまう。

このスピードはすさまじいものがあり，自分の置かれた状況が，グループの中で一瞬にして変わってしまうこともまれではない。排除の対象となった子どもは，気づいたときには逃げ場がない状況に追い込まれてしまう。

SNSは有効なコミュニケーション・ツールになることもあれば，他者を攻撃するツールにもなり得るということを，子どもに丁寧に伝えていくことが大切になる。

（4）いじめの様態の変容——回しいじめ

SNS（閉ざされたコミュニティ）の出現とあわせて，いじめのあり方が変化してきていると感じられる部分もある。それは，学級や学校を単位としたこれまでの排除構造（いじめ）が，個人的なグループ（仲間）内での排除構造（いじめ）に変わってきたという点である。言い換えれば，学級で孤立しているというような，これまでいじめのマーカーを付与されやすかった者が興味を示されなくなり（そもそも相手にされない），グループ内の身近な者がいじめの対象とされるようになってきたのである。

さきに述べたように，SNSではリアクション（反応）が遅れたとか，場を乱すような発信をしたといった些細な出来事によって，グループの中でいともたやすくいじめの対象とされてしまう。そのため構成メンバーは，互いに監視し合い，自分が排除対象者（いじめの対象）にならないように常にやきもきしているという現状が見て取れる。

SNSであれば，現実生活と違って，ネット上でいつでもその子をいじめることができ，その反応も即時的に確認することができる。そして，その対象者をいじめることに飽きてくると，グループの中のほかのだれかへと対象が移っていく。これが，言わば「回しいじめ」である。グループの中でいじめの加害・被害関係がころころと変わっていく現象を，このような構造から理解することができるだろう。

[3] ネットいじめの早期発見と予防

（1）傍観者による抑止効果

　ネットいじめは国際的にも増加傾向にあり、内海（2010）によると、アメリカ、イギリス、カナダの研究においてネットいじめが報告されており、その中でも、ネットいじめを見ていた者の数は全体の4割を超えていた（Beran & Li, 2005 ; Patchin& Hinduja, 2006 ; Smith, Mahdavi, Carvalho, & Tippett, 2006）。

　ネットいじめにおける「傍観者効果」は、いじめの「抑止」にも「促進」にもなる二面性を有している。大切なのは、子どもが抑止（仲裁者）の方向に働けるように取り組むことである。

　教員の目から見えにくいいじめの兆候を早期にとらえ、早期に対応するためにも、「傍観者」としての周りの子どもからの情報発信（SOS）が欠かせない。疑似空間（疑似教室）で起こっている状況を異常ととらえ、他者（大人）に「知らせる」行動をとれるようにすることが、いじめの防止に重要である。

　ネットいじめの被害者となった子どもは、一方でネットいじめの加害者となりやすい傾向にあることがわかっている（原, 2011）。いじめの連鎖を防止するためにも、適切な情報リテラシーの視点を子どもたちにもたせることが求められるであろう。

（2）切る力（勇気）と離れる力（スキル）

　いじめの被害者となった子どもが、だれにも相談できず限界になる前に、SNSから「つながりを切る」「距離を置いて考える」という能力を育成していくことも、重要な視点になるであろう。

現実社会では，クラスが変わったり，学校が変わったりするたびに人間関係が変化するため，いじめがそこで沈静化する場合もあった。いじめがひどい状態になったときに，転居しなくても転校が可能とされているのはそのためである。

しかし，そもそもネットは物理的な空間の共有を前提としていないため，クラスが変わり，学校が変わっても，いじめが続くことがある。ネットさえつながっていれば，「いつでも，どこでも，だれでも」，いじめが可能な状態になる。学校を休み，本来なら心の拠り所（休まる場所）である家庭にいても，子どもはいじめにさらされ続けてしまう。

そこで，子どもに「仮想的空間」における人間関係を切る力（勇気）と離れる力（スキル）を養っていくことが大切になる。つまり，閉ざされたコミュニティからの脱却である。際限なく加速的に歯止めなく進行するいじめには，コミュニケーションを切る力（勇気）と離れる力（スキル）を自分自身で発揮していけるように教育していくのである。

SNSは現実生活と連続しているだけに，そこから離れるという選択は，子どもにとって非常に勇気のいることであろう。その選択を少しでも容易にするためには，自由で開かれた学級風土・学校風土を現実生活の中に構築し，グループから離れても自分を受け容れてくれる場所があるという安心を，教師が醸成していくことが大切である。

さらに，「困っている」ということを子どもが適切に援助要請できるよう教育していくことも大切である。子どもたちからの援助要請をしやすくするためには，普段の学級経営において，子どもとの人間関係を再考することから始めることが大切であろう。また，学級担任以外の教師とでも気軽に話ができる場を設けるなど，相談の窓口を広く構えておくことも考えなければならない。

（3）自治体の取組み

こうした学校裏サイトなどにおけるネットいじめに対して，文部科学

省（2012）は「学校ネットパトロール」といった枠組みで教育委員会と民間企業との連携によって対策を講じている。

インターネット上の子どもの誹謗・中傷といったいじめに対しては，匿名性が高いがゆえに，子どもから安易に書き込みが行われてしまう現実を理解し，不適切な情報を拡散させないように努めることが重要である。学校，教育委員会や家庭そして企業が連携して対処に当たることが大切になる（**図7-1**）。

また子どもに対しては，情報リテラシーの大切さを丁寧に伝え，インターネット上の自身の行為に責任感を持たせることが求められる。

（4）教員の意識

最後に，教員はネットいじめに関して，どれほどの意識をもっているだろうか。例えば，LINEやTwitterなどのSNSを，自分自身で使うことはできるだろうか。

見たこともない，使用したこともないという人が，どうしてLINEによるいじめに対処することできるだろう。「既読スルー」を経験したことのない人が，どうしていじめたりいじめられたりする子どもの心理を理解することができるだろうか。

もちろん，ただ使ってさえいれば，ネットいじめに対処できるという話ではない。しかし，少なくとも子どもたちと同様のコミュニケーション・ツールを駆使できるだけの情報適応能力をもつことは，教師にとって大切なことだと考えている。ガラケーを頑なに使い続けるよりも，子どもたちのコミュニケーション世界に足を踏み入れていくというマインドをもつほうが，子どもの成長発達を支える教員としては重要ではないだろうか。

最新の子どもたちの情報ツールについて常に知識をアップグレードしていくことは，子どもを丁寧にとらえ，適切に対処するうえでの重要なスキルになると考える。それは，第一に，子どもを取り巻いている情報

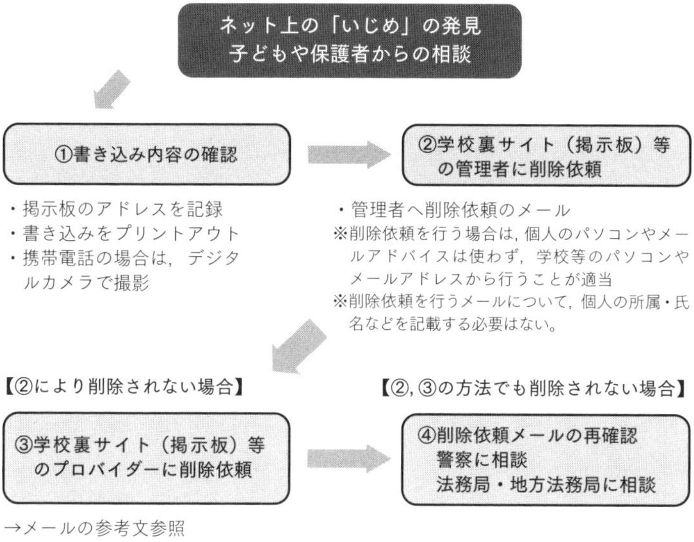

第Ⅱ部 いじめへの対応－実践編

ネット上の「いじめ」の発見
子どもや保護者からの相談

①書き込み内容の確認

・掲示板のアドレスを記録
・書き込みをプリントアウト
・携帯電話の場合は，デジタルカメラで撮影

②学校裏サイト（掲示板）等の管理者に削除依頼

・管理者へ削除依頼のメール
※削除依頼を行う場合は，個人のパソコンやメールアドバイスは使わず，学校等のパソコンやメールアドレスから行うことが適当
※削除依頼を行うメールについて，個人の所属・氏名などを記載する必要はない。

【②により削除されない場合】

③学校裏サイト（掲示板）等のプロバイダーに削除依頼

→メールの参考文参照

【②，③の方法でも削除されない場合】

④削除依頼メールの再確認
　警察に相談
　法務局・地方法務局に相談

参考文：学校裏サイト（掲示板）の管理者・プロバイダーへの削除依頼

【件名】【削除依頼】誹謗・中傷の書き込み
【本文】
　　　URL　　　　：http://～
　　　スレッド　　：http://～
　　　書き込みNo　：●●●●
　　　違反内容　　：（具体的な書き込みの内容を記載する）
　　　削除理由　　：上記の掲示板内に，個人を誹謗・中傷する書き込みがあり，当人が大変迷惑をしています。さらに，書き込みが行われると，犯罪に発展する可能性もあります。当該書き込みの削除を行うようお願いいたします。

図7-1 「ネット上のいじめ」等への対応

（栃木県
http://www.pref.tochigi.lg.jp/m53/system/.../1269338465785.pdfを参考に作成）

環境を理解することになるからである。そして第二には，コミュニケーション・ツールを理解しようとすることが，子どもの生活を実感してみようとする「高いアンテナ」をもつことにつながるからである。

133

おわりに

　いじめ防止のために取り組むべき課題はたくさんある。筆者のうち，小沼はスクールカウンセラーとして，高橋は大学教員として学校現場に日々かかわっているが，本書で扱いきれなかったことは少なくない。リスクマネジメントとクライシスマネジメント，校内組織の作り方などについて，さらに書きたかったこともたくさんある。むしろそのほうが多いのかもしれない。それでも，できるところからすぐに具体的な取組みを始めてもらいたい，その一助になりたい，というのが本書執筆の直接的な動機である。

　人が自ら命を絶つ。そのことの重さを，私たちは，これからさらに真剣に考えよう。

　そのため本文中では，なるべく具体的な方法，なるべく具体的なデータを用いることを心がけた。一つでも「使える」と思っていただけたのならば幸甚である（活用するに値しないと判断されたらそのアイデアは捨ててください。そして使えるアイデアを教えてください。よいアイデアをみんなで共有しましょう）

　いじめは子どもだけの問題ではないが，大人が全責任を負うべきことでもない。
　いじめの被害にあって苦しんでいる子どもがいるときに，援助要請ができる環境をつくることは大切であるが，無関心を装う周囲の子どもたちの中に「援助者をどう養成するのか」ということも，また考えなければならないのではないだろうか。これが筆者らの持論である。
　困っているときに他者に助けを求めることも，困っている他者に援助

の手を差し伸べることも，それに気づく眼をもつことも，他者の悲しみに気づくことも，それを可能にするのは自分自身である。いじめ問題に直面したときに，いわゆる自立した判断とそれに伴う行動力，そして，それを受け止める環境をどうつくるのか。まぎれもなく喫緊の課題である。

　筆者の高橋が所属する上越教育大学は，平成27年度よりいじめ防止に関するBP（Bullying-Prevention）プロジェクトに，鳴門教育大学，宮城教育大学，福岡教育大学とともに取り組んでいる。参加されている各大学の教員はもちろん，担当部局の事務職員の諸氏も極めて真剣にプロジェクトを通していじめ防止に向かって取り組んでおられる。

　この取組みの中で，情報を交換し，議論を交わす貴重な機会を得ている。BPプロジェクトに参加させていただく機会がなければ，本書は生まれてこなかったかもしれない。すべてのお名前を挙げることはできないが，改めてこの場をお借りして謝意を表したい。

　鳴門教育大学特任教授の森田洋司先生からは，大きな情熱と深い識見を頂戴している（もちろん一方的にだが）。鳴門教育大学教授の阿形恒秀先生からはいつも刺激的なお話を頂戴し，心を揺さぶられている。福岡教育大学教授の大坪靖直先生からは，いじめ事案に関する報告書のアイデアを頂戴した。氏のいじめ事案に対する真摯な姿勢を模範としている。宮城教育大学准教授の久保順也先生には，同大学にて授業をさせていただく貴重な機会を頂戴した。集中講義ではなく日常の授業を他大学で行う機会を得たことに感謝したい。そして，所属する上越教育大学大学院　道徳・生徒指導コース及び大学の同僚諸氏との交流が，私にとって何物にも代えがたいものになっていることは言うまでもない。

　最後に。実は本書の企画を頂戴してから，なかなか執筆に取り掛かることができなかった。もちろん多忙も理由の一つであるが，それ以上に

躊躇があったのだ。筆力のない者が携われるテーマなのだろうか，この重大なテーマに拙論を上梓してよいのだろうか，と。

そんな著者を温かく見守っていただき，公刊までこぎつけられたのは，ひとえに図書文化社の渡辺佐恵氏，加藤千絵氏のご支援の賜物である。深謝したい。

いじめの予防と対応を進めていくうえで，「ソーシャル・キャピタル（社会関係資本）」は重要なキーワードの一つである。本書では，この用語を用いることで，当事者間のこととしてすませるのではなく，社会全体の問題としてのいじめを認識することの意味を説いたつもりである。（奇しくも，森田洋司先生も近年「ソーシャル・ボンド」という語を用いていじめ問題への取組みを啓発されている。）

いじめは個人の問題ではなく，紛れもなく社会的なひずみがもたらす問題であると私たちは考えている。

――世界全体が幸福にならないうちは　個人の幸福はあり得ない

宮沢賢治の言葉が，響く。

平成30（2018）年　夏

上越教育大学大学院学校教育研究科

高橋　知己

■参考・引用文献一覧

＜第1章＞
・文部科学省（2013）いじめの問題に対する施策
　http://www.mext.go.jp/a_menu/shotou/seitosidou/130294.htm
・文部省（1985）児童生徒のいじめの問題に関する指導の充実について
　http://www.mext.go.jp/b_menu/hakusho/nc/t19850629001/t19850629001.html
・文部省（1994）いじめの問題について当面緊急に対応すべき点について
　http://naga-jinken.c.ooco.jp/shiryo1/child-tsuchi1.htm
・文部省（1995）いじめの問題の解決のための当面取るべき方策等について
　http://www.mext.go.jp/b_menu/hakusho/nc/t19950313001/t19950313001.html
・文部省（1995）いじめの問題への取組の徹底等について
　http://www.mext.go.jp/b_menu/hakusho/nc/t19951215001/t19951215001.html
・森田洋司・清永賢二（1994）新訂版 いじめ——教室の病い　金子書房
・小沼豊・山口豊一（2017）いじめ問題からみる「心理危機マネジメント」に関する一考察－子どもの「心理危機のサイン」を捉える　跡見学園女子大学文学部紀要第52号，231－241
・文部科学省（2006）いじめの問題への取組の徹底について（通知）
　http://www.mext.go.jp/a_menu/shotou/seitoshidou/06102402/001.htm
・文部科学省（2006）文部科学大臣からのお願い～未来のある君たちへ～
　http://www.mext.go.jp/a_menu/shotou/seitoshidou/06110713/002.htm
・文部科学省（2012）「いじめの問題に関する児童生徒の実態把握並びに教育委員会及び学校の取組状況に係る緊急調査」結果について
　http://www.mext.go.jp/b_menu/houdou/24/11/1328532.htm
・文部科学省（2012）「児童生徒の問題行動等生徒指導上の諸問題に関する調査」結果について
　http://www.mext.go.jp/b_menu/houdou/25/12/1341728.htm
・文部科学省（2007）問題行動を起こす児童生徒に対する指導について（通知）
　http://www.mext.go.jp/a_menu/shotou/seitoshidou/07020609.htm
・文部科学省（2012）いじめ，学校安全等に関する総合的な取組方針～子どもの

「命」を守るために〜

http://www.mext.go.jp/a_menu/shienshitsu/1325363.htm

・文部科学省（2013）いじめ防止対策推進法の公布について（通知）

http://www.mext.go.jp/a_menu/shotou/seitoshidou/1337219.htm

・文部科学省（2013）いじめ防止対策推進法

http://www.mext.go.jp/a_menu/shotou/seitoshidou/1337278.htm

・ワイクK. E., サトクリフK. M.（著）, 西村行功（訳）（2002）不確実性のマネジメント——危機を事前に防ぐマインドとシステムを構築する　ダイヤモンド社
（Weick K. E. &Sutcliffe K. M. 2001 Managing the Unexpected : Assuring High Performance in an Age of complexity. San Francisco : Jossey-Bass.）

＜第2章＞

・文部科学省（2013）いじめ防止対策推進法

http://www.mext.go.jp/a_menu/shotou/seitoshidou/1337219.htm

・兵庫県教育委員会（2017）いじめ対応マニュアル

www.hyogo-c.ed.jp/~gimu-bo/ijimetaiou/manyuaru2908.pdf

・文部科学省（2016）不登校重大事態に係る調査の指針について（通知）

http://www.mext.go.jp/a_menu/shotou/seitoshidou/1368460.htm

・文部科学省（2013）　いじめ防止対策推進法　「重大事態」の解説（案）

http://www.mext.go.jp/b_menu/shingi/chousa/shotou/116/shiryo/__icsFiles/afieldfile/2016/03/08/1367335_2_1.pd

・大阪府三島郡島本町（2017）重大事案マニュアル

http://www.shimamoto-ele01.ed.jp/ijimeboushi-siryou4.pdf

＜第3章＞

・湯河原町いじめに関する調査委員会（2014）調査報告書

http://www.town.yugawara.kanagawa.jp/global-image/units/61836/1-20140307154207.pdf

・名古屋市立中学校生徒の転落死に係る検証委員会（2014）検証報告書

http://www.city.nagoya.jp/kyoiku/cmsfiles/contents/0000058/58391/houkokusyo.

pdf

・矢巾町いじめ問題対策委員会（2016）調査報告書【概要版】
http://www.town.yahaba.iwate.jp/docs/2016122300018/files/20161223133846052.
pdf

・森田洋司（2010）いじめとは何か−教室の問題，社会の問題　中央公論新社

・教育再生会議（2007）社会総がかりで教育再生を〜教育再生の実効性の担保のた
めに〜　https://www.kantei.go.jp/jp/singi/kyouiku/houkoku/honbun0124.pdf

・教育再生会議（2007）報告・取りまとめ等
http:www.kantei.go.jp/jp/singi/kyouiku/houkoku.html

・橋本治（2015）いじめ問題と学校心理士−「いじめの４つの波」と「国の定義・
通達」をふまえて−　日本学校心理士会年報　第８号　41-51

＜第４章＞
・文部科学省（2014）児童生徒の問題行動等生徒指導上の諸問題に関する調査につ
いて　http://www.mext.go.jp/b_menu/houdou/26/10/1351936.htm

・森田洋司・清永賢二（1994）新訂版 いじめ——教室の病い　金子書房

＜第５章＞
・永井智・本田真大・新井邦二郎（2016）　利益・コストおよび内的作業モデルに基
づく中学生における援助要請の検討−援助要請の生起と援助要請後の過程に注目
して　学校心理学研究，16(1)15-26.

・森田洋司・清永賢二（1994）新訂版いじめ——教室の病い　金子書房

＜第７章＞
・文部科学省（2013）いじめ防止対策推進法の公布について（通知）
http://www.mext.go.jp/a_menu/shotou/seitoshidou/1337219.htm

・渡辺真由子（2008）大人が知らない ネットいじめの真実　ミネルヴァ書房

・文部科学省（2008）「ネット上のいじめ」に関する対応マニュアル・事例集（学
校・教員向け）http://www.mext.go.jp/b_menu/houdou/20/11/08111701/001.pdf

・文部科学省（2009）『ネット上のいじめ』から子どもたちを守るために−見直そ

う！ケータイ・ネットの利用のあり方を－子どもを守り育てる体制づくりのための有識者会議まとめ【第2次】

http://www.mext.go.jp/b_menu/shingi/chousa/shotou/040-2/shiryo/attach/1366995.htm

・文部科学省（2017）「児童生徒の問題行動・不登校等生徒指導上の諸問題に関する調査」について　http://www.mext.go.jp/b_menu/houdou/29/10/__icsFiles/afieldfile/2017/10/26/1397646_001.pdf

・安藤美華代（2009）　中学生における「ネット上のいじめ」に関連する心理社会的要因の検討学校保健研究，51(2)，77-89

・坂元章（2009）現代のいじめ問題に，小児科はどのように取り組むべきかネットいじめの現状，方法，問題性，対応（解説）日本小児科学会雑誌　113巻12号，pp. 1917-1920

・三枝好恵・本間友巳（2011）「ネットいじめ」の実態とその分析－「従来型いじめ」との比較を通して－京都教育大学教育実践研究紀要第 11 号，pp. 179-186

・Smith, P. K.(2011). Bullying in schools : The research background rethinking school bullying towards an integrated model. Dixon, R. Cambrindge University Press.

・栃木県ネットいじめ

http:www.pref.tochigi.lg.jp/m53/system/.../1269338465785.pdf

・総務省（2017）　SNS（ソーシャルネットワーキングサービス）の仕組み

http://www.soumu.go.jp/main_sosiki/joho_tsusin/security/basic/service/07.html

・リスキーブランド（2017）生活意識調査 MINDVOICE調査生活者分析 SNS 利用者動向　http://www.riskybrand.com/topics/report_170510.pdf

・MMD 研究所（2015）2015年版: スマートフォン利用者実態調査

https://mmdlabo.jp/investigation/detail_1511.html

・若本純子（2016）児童生徒の LINE コミュニケーションをめぐるトラブルの実態と関連要因－小学生・中学生・高校生を対象とする質問紙調査から 佐賀大学教育実践研究，33，1-16

・岩本純子・西野泰代・原田恵理子（2017）高校生のLINEいじめにおける加害・被害・傍観行動と心理的要因の関連－現実との連続性に注目して－　佐賀大学教育学部Vol.2 no.1. 223-235.

・Beran, T. & Li, Q.(2005) Cyber-harassment : A study of a new method for an old behavior. Journal of Educational Computing Research, 32, 265-277.

・Patchin, J. W, & Hinduja, S.(2006) Bullies move beyond the schoolyard : A preliminary look at cyberbullying. Youth Violence and juvenile justice, 4, 148-169.

・Smith, P., Mahdavi, J., Carvalho, M., & Tippett, N.(2006). An investigation into cyberbullying its forms, awareness and impact, and the relationship between age and Gender in cyberbullying. Research Brief No. RBX 03-06. London: DfES.

・原清治（2011）ネットいじめの実態とその要因〜学力移動に注目して〜佛教大学教育学部論集第22号，133-152

・文部科学省（2012）学校ネットパトロールに関する取組事例・資料集（教育委員会等向け）http://www.mext.go.jp/b_menu/shingi/chousa/shotou/081_1/houkoku/1325771.htm

著者紹介

高橋 知己（たかはし　ともみ）

担当：第3章　第4章　第5章　第6章　コラム3，4，5，6
1962年生。上越教育大学大学院学校教育研究科道徳・生徒指導コース　教授。上越教育大学大学院学校教育研究科修了。学校心理士。岩手県公立小学校教員を経て現職。著書に，『最新特別活動論（基礎基本シリーズ3）』（大学教育出版），『学校での子どもの危機への介入－事例から学ぶ子どもの支援－』（ナカニシヤ出版），『創発学級のすすめ：自立と協同を促す信頼のネットワーク』（ナカニシヤ出版），『キャリアアップ学級経営力－ハプンスタンス・トレーニング中学校編』（誠信書房），『よくわかる盛岡の歴史』（東京書籍）など。

小沼 豊（こぬま　ゆたか）

担当：第1章　第2章　第7章　コラム1，2
1982年生。東京純心大学現代文化学部　専任講師。千葉県スクールカウンセラー。千葉大学大学院教育学研究科（修士課程），名古屋大学大学院教育発達科学研究科（博士課程）単位取得退学。学校心理士，ガイダンスカウンセラー。文部科学省施策「地域連携による不登校予防支援プロジェクト（東京国際大学）」プロジェクト・コーディネータ。文部科学省初等中等教育局児童生徒課生徒指導室を経て現職。著書に，『探求！教育心理学の世界』（新曜社），『コンパクト版　保育内容シリーズ「人間関係」』（一藝社），『学校での子どもの危機への介入－事例から学ぶ子どもの支援－』（ナカニシヤ出版）など。

いじめから子どもを守る学校づくり
いますぐできる教師の具体策

2018 年 8 月 30 日 初版第 1 刷発行 ［検印省略］

著　者　Ⓒ高橋知己・小沼豊
発行人　福富　泉
発行所　株式会社　図書文化社
　　　　〒112-0012 東京都文京区大塚 1-4-15
　　　　電話 03-3943-2511　FAX 03-3943-2519
DTP・デザイン　広研印刷株式会社・CCK
印刷・製本　　　広研印刷株式会社

JCOPY ＜出版者著作権管理機構 委託出版物＞
本書の無断複製は著作権法上での例外を除き禁じられています。
複製される場合は，そのつど事前に，出版者著作権管理機構
（電話 03-3513-6969，FAX 03-3513-6979，e-mail: info@jcopy.or.jp）
の許諾を得てください。

乱丁・落丁本の場合はお取り替えいたします。
定価はカバーに表示してあります。
ISBN978-4-8100-8708-6　C3037

構成的グループエンカウンターの本

必読の基本図書

構成的グループエンカウンター事典
國分康孝・國分久子総編集　Ａ５判　本体6,000円＋税

教師のためのエンカウンター入門
片野智治著　Ａ５判　本体1,000円＋税

自分と向き合う！究極のエンカウンター
國分康孝・國分久子編著　Ｂ６判　本体1,800円＋税

エンカウンターとは何か　教師が学校で生かすために
國分康孝ほか共著　Ｂ６判　本体1,600円＋税

エンカウンター スキルアップ　ホンネで語る「リーダーブック」
國分康孝ほか編　Ｂ６判　本体1,800円＋税

構成的グループ
エンカウンター事典

目的に応じたエンカウンターの活用

エンカウンターで保護者会が変わる　小学校編・中学校編
國分康孝・國分久子監修　Ｂ５判　本体 各2,200円＋税

エンカウンターで不登校対応が変わる
國分康孝・國分久子監修　Ｂ５判　本体2,400円＋税

エンカウンターで学級づくりスタートダッシュ　小学校編・中学校編
諸富祥彦ほか編著　Ｂ５判　本体 各2,300円＋税

エンカウンター　こんなときこうする！　小学校編・中学校編
諸富祥彦ほか編著　Ｂ５判　本体 各2,000円＋税　ヒントいっぱいの実践記録集

どんな学級にも使えるエンカウンター20選・中学校
國分康孝・國分久子監修　明里康弘著　Ｂ５判　本体2,000円＋税

どの先生もうまくいくエンカウンター20のコツ
國分康孝・國分久子監修　明里康弘著　Ａ５判　本体1,600円＋税

10分でできる　なかよしスキルタイム35
國分康孝・國分久子監修　水上和夫著　Ｂ５判　本体2,200円＋税

エンカウンターで学級が変わる
(小・中・高)

多彩なエクササイズ集

エンカウンターで学級が変わる　小学校編　中学校編　Part 1～3
國分康孝監修　全3冊　Ｂ５判　本体 各2,500円＋税　　Part1のみ　本体 各2,233円＋税

エンカウンターで学級が変わる　高等学校編
國分康孝監修　Ｂ５判　本体2,800円＋税

エンカウンターで学級が変わる　ショートエクササイズ集　Part 1～2
國分康孝監修　Ｂ５判　①本体2,500円＋税　②本体2,300円＋税

図書文化